新时代休闲体育的发展探索与科学参与

何祥海 著

吉林大学出版社

·长春·

图书在版编目(CIP)数据

新时代休闲体育的发展探索与科学参与/何祥海著. --长春:吉林大学出版社,2020.5
ISBN 978-7-5692-6443-2

Ⅰ.①新… Ⅱ.①何… Ⅲ.①休闲体育－研究 Ⅳ.①G811.4

中国版本图书馆CIP数据核字(2020)第071453号

书　　名	新时代休闲体育的发展探索与科学参与
	XINSHIDAI XIUXIAN TIYU DE FAZHAN TANSUO YU KEXUE CANYU
作　　者	何祥海　著
策划编辑	代红梅
责任编辑	赵雪君
责任校对	张鸿鹤
装帧设计	崔　蕾
出版发行	吉林大学出版社
社　　址	长春市人民大街4059号
邮政编码	130021
发行电话	0431－89580028/29/21
网　　址	http://www.jlup.com.cn
电子邮箱	jdcbs@jlu.edu.cn
印　　刷	北京亚吉飞数码科技有限公司
开　　本	787mm×1092mm　1/16
印　　张	16.5
字　　数	219千字
版　　次	2020年5月　第1版
印　　次	2021年1月　第2次
书　　号	ISBN 978-7-5692-6443-2
定　　价	80.00元

版权所有　翻印必究

前 言

当前社会已经进入休闲社会,大众休闲观念不断增强,休闲在人民群众的日常生活中占据着越来越重要的地位。新时期,社会休闲内容丰富、形式多样,体育休闲作为一种最为健康的休闲内容和方式之一,正在更深入地融入人们日常生活。

休闲体育内容丰富,富有自由性、文化性、主动性,以完善自我和创造生活情趣为目的,能为个体提供一个轻松愉悦的休闲环境,并有效促进个体的身心健康与社会性健康发展,正因如此,休闲体育备受社会大众关注和喜爱。为了进一步厘清与解析休闲体育的社会与体育发展价值、发展前景,吸引和引导更多人关注健康、关注休闲,科学从事休闲体育,特撰写《新时代休闲体育的发展探索与科学参与》一书。

全书共八章,对休闲体育进行了全面系统研究。前五章为新时代的休闲体育的相关理论研究,其中,第一章为休闲体育概述,简要解析了休闲体育相关概念、休闲体育的特性、休闲体育文化,并阐释了休闲体育与现代社会健康生活的联系;第二章从休闲、游戏、娱乐、健康、教育等方面深入系统剖析了休闲体育多元价值论内容;第三章为社会发展新背景下的休闲体育发展研究,在分析休闲体育与和谐社会关系的基础上,重点就经济新常态、"她经济"背景下的休闲体育产业发展、城镇化与新农村建设中的休闲体育发展创新进行了研究;第四章为体育发展新愿景下的休闲体育发展研究,在分析休闲体育与全民健身的基础上,重点就休闲体育教育教学发展、休闲体育与体育旅游的融合发展进行了分析与研究;第五章为休闲体育科学参与理论指导,包括休闲体育科学参与的营养问题、疲劳问题、伤病处理等,有助于为运动者参与休闲体育提供正确和有效的理论指导。第六章至第八章为休闲体育运动项目实践参与研究,分别就传统养生类休闲体育运动、娱乐健康类休闲体育运动、极限挑战类休闲体育运动的具体运动项目进行了分析,有助于为运动者在参与各休闲运动项目时,正确学练与掌握具体的技能、技巧提供方法指导,以收获良好运动体验与快乐。

本书在撰写中力求突出以下特点。

第一,科学严谨,系统深入。本书以休闲体育为研究对象,从概念、理论入手层层解析休闲体育各部分内容,各部分内容均建立在科学理论研究的基础之上,层层深入,有助于读者对休闲体育有一个全面、系统、深入的了解与认知。

第二,亮点突出,时代性强。本书的第三章、第四章为全书的亮点章节,重点就新时期社会背景下的休闲体育的适应性发展,以及新时代体育发展背景下的休闲体育发展创新进行了研究,指出了当前休闲体育与社会发展、体育发展的新融合,探索出新时代休闲体育产业、休闲体育城乡建设、休闲体育全民参与、休闲体育教育教学落实、休闲体育旅游等的科学创新发展之路,指出了新时代背景下的休闲体育发展策略。

第三,内容全面,指导性强。本书实践部分分门别类地就不同类型的休闲体育运动的科学参与内容与方式方法进行了阐述分析,内容全面,可选择性强,不同的休闲体育运动爱好者可结合自身爱好、条件选择相应的休闲体育运动项目,对休闲体育运动爱好者参与不同形式的休闲体育运动项目具有科学指导性作用。

在撰写过程中,本书吸收和借鉴了许多学者在休闲体育方面的研究资料,在此表示诚挚的谢意。由于时间和精力有限,书中难免会有不妥之处,恳请广大读者批评指正。

作　者
2019 年 12 月

目 录

第一章 休闲体育概述 … 1
- 第一节 休闲体育概念研究 … 1
- 第二节 休闲体育的特性与文化解析 … 7
- 第三节 休闲体育与社会健康生活 … 23

第二章 休闲体育多元价值论 … 28
- 第一节 休闲体育的休闲论 … 28
- 第二节 休闲体育的游戏论 … 37
- 第三节 休闲体育的娱乐论 … 41
- 第四节 休闲体育的健康论 … 47
- 第五节 休闲体育的教育论 … 62

第三章 社会发展新背景下的休闲体育发展 … 69
- 第一节 休闲体育与和谐社会 … 69
- 第二节 经济新常态、"她经济"背景下的休闲体育产业发展 … 83
- 第三节 城镇化与新农村建设中的休闲体育发展创新 … 98

第四章 体育发展新愿景下的休闲体育发展 … 105
- 第一节 休闲体育与全民健身 … 105
- 第二节 休闲体育教育教学发展 … 113
- 第三节 休闲体育与体育旅游的融合发展 … 120

第五章　休闲体育科学参与理论指导 ... 126
第一节　运动营养的消耗与补充 ... 126
第二节　运动疲劳的产生与消除 ... 138
第三节　休闲体育运动伤病处理 ... 143

第六章　传统养生类休闲体育运动科学参与 ... 158
第一节　武术 ... 158
第二节　太极拳 ... 162
第三节　风筝与秋千 ... 178
第四节　五禽戏与八段锦 ... 181

第七章　现代娱乐健身类休闲体育运动科学参与 ... 190
第一节　健身操舞 ... 190
第二节　球类休闲 ... 212
第三节　益智运动 ... 226

第八章　休闲体育的极限运动挑战 ... 230
第一节　滑翔伞与热气球 ... 230
第二节　潜水与冲浪 ... 235
第三节　蹦极与攀岩 ... 239
第四节　轮滑、滑雪与跑酷 ... 244

参考文献 ... 253

第一章　休闲体育概述

当前休闲时代,社会大众的健康休闲生活直接影响大众生活水平与质量。休闲体育是一种健康的现代社会休闲新方式,对个人和整个社会的健康发展具有重要促进意义。本章重点就休闲体育的基本理论知识进行系统全面的阐释,以为崇尚现代健康休闲生活方式和追求高质量生活水平的运动者更全面深入地了解与理解休闲体育提供科学理论认知指导。

第一节　休闲体育概念研究

休闲体育是一种体育形式,具有鲜明的休闲性质,要全面深入了解休闲体育,首先应该对休闲体育的概念以及与其相关的概念有所了解,如此才能更加深入地了解休闲体育的内涵,明确休闲体育的研究内容与文化范畴。

一、休闲体育相关概念解析

（一）休闲

休闲,一般认为,它是人们在非劳动及非工作时间内以各种"玩"和"游戏"的方式实现身心调节与放松,进而促进身心健康的一种业余生活方式。美国休闲学者杰弗瑞·戈比认为:"休闲是从文化环境和物质环境的外在压力下解脱出来的一种个体所热爱的、相对自由的生活。"[①]瑞典哲学家皮普尔指出,休闲是一种心

---

① 钱利安．休闲体育理论与实践调查研究[M]．杭州:浙江大学出版社,2008．

理倾向,是一种精神状态,是一种坦然的心境。人们讨论休闲,更注重休闲过程中的情感与心理体验,这是大多数人对休闲的一种心理定义。

要正确理解休闲,应明确以下几点。

1. 休闲有助于促进健康

正确的休闲意识的建立和休闲行为习惯的养成,可以有效促进人的身心能量的储存、释放,有效地提高人的智能和体能素质,人们注重休闲、参与休闲、享受休闲,是希望通过休闲参与,关注心情的放松和愉悦、压力的释放与宣泄、个人情感的满足与慰藉,有效地锻炼人的生理和心理机能。

整体来看,作为一种重要的生活方式,休闲表现出独特的价值与作用,合理科学的休闲行为能够使人体实现体能、智力、情感等各方面的调节,对人体具有积极的影响,可以实现身心的全面发展、丰富人们的日常生活、提高人们的生活质量。

2. 休闲是一种生活方式

人类社会之初是没有休闲的,休闲是社会经济发展到一定阶段的产物。在早期生产和生活资料匮乏的时代,人们通过生产劳动(打猎、采摘、种植)获取生活资料,以生存需要为主要目标的生产劳动,只是一种谋生的手段。

工业革命之后,生产力大大提高,但是在劳动密集型生产方式中,劳动者每天都以机械的动作重复着大量而繁重的劳动。

现代社会,生产生活方式越来越智能化,在现代化智能型的生产方式中,劳动者的体力支出已经降低到最小限度,智能化生产使人们从简单、机械的体力劳动中解放出来,人们享受到了智能生产的利好,随着科学技术的发展以及生产力水平的不断提高,人们的生产劳动创造出了大量的物质财富,劳动者的余暇时间也大大增多,这为提高生活质量提供了条件和可能,但同时,科技的快速发展也加剧了社会竞争,给人们带来了高度的精神紧张和心理压力,人们迫切需要休闲,正是因为在这样的社会大背景下,人们也越来越重视自我身心能量的释放与身心放松,在各种"业余"生活中,通过参与不同形式、不同内容的休闲互动,来缓解和消除压力,现代社会休闲由此产生并引起广泛重视。

近年来,大众休闲意识和观念不断提升,随着现代社会文明的发展,休闲已不仅仅是舒缓劳作、调节身心的一种手段,它以崇尚自然、追求舒适、满足个性身心发展为特征,成为现代人们丰富业余生活、提高生活质量的重要内容与方式。通过丰富多样的休闲活动参与,人们的生活质量获得了有效的提高,这正是休闲的社会价值所在。休闲作为一种生活方式已经融入了现代人的日常生活。

3. 休闲是动态多元的

休闲处于不断的发展和流变过程中,不同人群的休闲方式各不相同,在不同的社会发展阶段,休闲的意义也不同。

不同的人选择与参与休闲的方式、方法、内容、时间、地点不同,从事休闲的目的也不同,丰富多彩的休闲内容与方式对人们的休闲生活有着重要的意义。

体育活动需要人们直接参与,通过各方面的体育锻炼活动使人体的各方面素质得到恢复与提高。

现代休闲是丰富多彩的,结合不同分类具体划分如表1-1所示,每一个人都能结合自身的兴趣爱好、需求和时机条件找到适合自己的休闲内容与形式。无论男女老少,总有一种休闲方式是适宜参与的。

表1-1 丰富多彩的休闲

分类依据	休闲形态	休闲活动内容
外现形式	静态休闲	静坐、沉思、冥想
	动态休闲	垂钓、绘画、摄影、听音乐会等
休闲功能	消除疲劳的休闲	如游戏娱乐、健身、跳舞
	寻求精神快乐的休闲	如听音乐会、看电影、读书、旅游

续表

分类依据	休闲形态	休闲活动内容
休闲目的	功利性休闲	如志愿者们为了环保而做的骑游宣传
	非功利性休闲	一种独善其身的休闲
商业化程度	商品型休闲	接受教育:参观博物馆、看戏、听音乐、读书
		创作:绘画、摄影、园艺、烹调、插花、书法
		健身:跑步、垂钓、骑车、打球、游泳
		娱乐:俱乐部、麻将、纸牌、跳舞、游戏
		旅游:观光旅游、度假旅游、健身旅游、康复疗养旅游、购物旅游
	自足型休闲	体验刺激:登山、攀岩、漂流、潜水、冲浪、蹦极、跳伞
		公益服务:社会咨询、帮困、志愿者服务、公益劳动
		消极堕落:破坏公物、赌博、吸毒、偷盗、嫖娼

(二)休闲文化

有学者认为,休闲本身就是一种文化,是一种社会文化形态。这里所说的休闲文化是指关于休闲的社会意识形态,它是一种文化内容,是宏观社会文化的重要组成部分,是社会文化表现形态的一个特殊领域。

关于休闲文化,不同学者做出了角度不同的学术描述,代表性描述如下,以帮我们更好地了解休闲文化内涵。

(1)休闲文化是个体在必要的生产劳动时间外,为不断满足人的多方面需要而创造文化、欣赏文化、建构文化的生命状态和行为方式。

(2)休闲文化是人们在必要的社会活动时间(工作、睡眠)以外的时间,用于自我享受、调整和发展的观念、态度、方法和手段的总和。

(3)休闲文化是与休闲相关的一切人类活动及其表现,它包括休闲内容、休闲方式、休闲功能、休闲历史、休闲特色等,核心是休闲这一社会现象所蕴涵的文化意义。

(4)休闲本身就是文化的一种特殊形态,休闲文化涵括了文化内部结构的四个层面,即物质实体体系、价值观念体系、制度规范体系、行为方式体系,并从上述四个层面表现出来。

(三)体育休闲

体育休闲是一种休闲方式,也是一种体育文化行为。

从体育的基本属性与功能来看,体育并非为了空闲时间的娱乐和愉快而存在的,它是以人身体和健康的发展为最终的目的,体育在人的日常生活、生产中具有重要的地位与作用。

现代社会已经进入休闲社会,各种各样的休闲方式使得人们在生产、学习、工作之余有更多的时间进行休闲享受,提升生活质量和幸福指数。体育休闲是一种以参与体育活动为主要形式的休闲,是一种健康休闲文化与行为。

现阶段,随着我国对人民生活质量提高的重视,人们的闲暇时间的不断增多,体育作为一种休闲娱乐活动在长期的生活实践中逐渐被人们所接受,并逐渐融入了人们的日常生活中,成为人们生活不可缺少的一部分内容。

二、休闲体育概念解析

(一)休闲体育的概念界定

休闲体育,从字面含义来看,其是体育的一种特殊形态。

从体育功能的角度来看,体育运动具有多重属性,如健身性、娱乐性、游戏性、竞技性等,同时,体育还表现出重要的休闲性,体育的上述特点都促进了其休闲性的表现,通过体育活动参与,可提高人体机能水平,改善与发展人的身心健康,而这些属性和作用也正是现代休闲活动所需要的,因此,体育是一种健康的休闲方式,而休闲体育就是专门从体育的休闲功能角度出发对体育活动的内容的划分。随着体育活动在人们余暇生活中盛行起来,休闲体育已经发展成为一个独立的体育领域。

从体育属性与参与群体的角度来看,休闲体育是用于娱乐、休闲的各种体育活动。它与体育中的学校体育、大众体育、竞技体育等体育内容对立统一。从彼此之间的关系构成来看,学校体育教育是面向学生群体的一种体育教育,通过体育运动项目的活动开展使学生群体掌握一些体育方法,学会一些体育技能。这些方法和技术在学生未来的生活中形成休闲活动的习惯方式,可终身受益;大众体育是以健身、娱乐和社会交往为特征的群众性体育活动,与广义的休闲体育十分相似但有所不同,休闲体育是大众体育的一部分;竞技体育是以挑战人类的运动极限为目标的体育,在竞技体育运动影响下,可能在大众中形成某些体育运动的运动热潮,继而促进休闲体育的发展。通过休闲体育与其他体育类型的关系分析,可以认为,体育活动是否用于休闲是界定休闲体育的重要标准,当一个体育活动用于竞技时,可以看作是竞技体育;当用于休闲娱乐时,则可看作是休闲体育。

综上所述,可以将休闲体育的概念界定为:休闲体育是人们在余暇时间所进行的,以愉悦身心为主要目的,具有一定文化品位的体育活动。该概念明确了休闲体育与其他体育活动形式所不同的时间、目的、文化特点。

(二)休闲体育的内容分类

休闲体育的内容范围非常广,通过休闲体育的内容分类,可以更清楚地了解哪些体育活动属于休闲体育,具体分类见表1-2。

表1-2 休闲体育的内容分类

分类依据	内容形态	活动内容
参与活动时的身体状态	观赏性休闲体育	观赏体育竞赛、休闲体育表演等
	安静类休闲体育	垂钓,棋牌类休闲活动
	互动性休闲体育	与自然互动:如空气浴、温泉浴、泥浴、沙浴、药浴、蒸气浴等
		与人互动:推拿按摩、针灸、足浴、理疗等

续表

分类依据	内容形态	活动内容
体育项目性质	眩晕类休闲体育	游乐场上各种产生滑动、旋转、升降、碰撞的游艺项目。如过山车、蹦极等
	命中类休闲体育	打靶、射箭、投篮、保龄球、台球、高尔夫等
	技巧类休闲体育	花样滑板、自行车越野等
	冒险类休闲体育	沙漠探险、漂流、游泳横渡海峡、滑翔伞等
	养生类休闲体育	瑜伽、普拉提、太极拳、木兰拳、木兰扇等
	健身舞类休闲体育	民族舞蹈、秧歌、舞龙舞狮、形体、肚皮舞等
	游戏竞赛类休闲体育	沙滩排球、三人制篮球等
	水上休闲体育	游泳、潜水、滑水、摩托艇、帆板、冲浪等
	冰雪休闲体育	滑雪、花样滑雪、雪橇、滑冰等
	户外休闲体育	野营、远足、登山、攀岩等

第二节 休闲体育的特性与文化解析

一、休闲体育的特性

(一)自然性

从运动生理学的角度来看,人体的生命活动有两种形式,一种是机体内部活动,一种是机体外部活动。内部活动是指生理、生化活动,亦即物质与能量的不断消散过程。这一过程是维持生命活动的重要基础;外部活动是指人体与外界的物质交换与补偿,如从外界摄取营养、同时排出废物。这两个过程是生命体存在的重要基础,也是改造自身和外界的重要途径。人体的所有机体活动都应遵循这一自然规律,个体参与休闲体育活动也必须遵循人体的自然规律。

生理学研究还证实,消除人体疲劳有两种方式,即积极恢复与消极恢复。积极恢复指的是借助相应的身体运动达到促进新陈代谢的过程,实现恢复的目的;消极恢复指的是自然的恢复方式,不通过运动等方式。休闲体育是一种在轻松愉快的身心环境中开展的积极恢复方法,可以促进身心疲劳的有效恢复,通过休闲体育活动参与,可促进身体的超量恢复,同时,使得人体的激烈、紧张、焦虑的情绪和心理能得到有效缓解与消除。

个体参与休闲体育,要真正实现休闲的目的,就必须在尊重人体生命运动基本规律的基础上进行,如此才能真正促进身心愉悦和健康发展,违背身体自然运动规律的休闲对身心能量来说将是一种巨大损耗,甚至会损害身体健康,如饥饿状态下的过度休闲、超出身心能力承受的极限运动参与等,都是不可取的。

(二)自发性

休闲体育是个体在闲余时间从事的体育活动,是个体的自由选择,是出于一种个体或某一群体真正的主体需求,没有任何强制、被动成分,具有体育活动参与的自发性。

从运动者的休闲体育参与动机的角度来讲,以运动者自觉自愿的需要而参与休闲体育,其目的就在于满足自身的身心负能量的释放和正能量的积累,整个活动参与过程就是身心发展需要不断满足的过程,使身心始终处于"需要—满足—更大需要—更大满足"的持续不断的良性循环之中。

经研究,人们的休闲体育参与动机主要有如下几种。

(1)放松身体动机。个体为了缓解身体的疲劳与肌肉的紧张,通过某种休闲体育活动来使肌肉松弛,身体获得积极的恢复。

(2)净化情感动机。个体参与休闲体育活动,是为了消耗在日常生活、学习、工作中产生的精神压力,排解心理上的不满或者情绪上的不愉快,是一种宣泄负面情绪和寻求心理平衡的过程,有助于个体良好心态、心理的形成。

(3)发散精力动机。个体精力旺盛、时间充裕,希望通过休闲体育活动参与,将自己工作、学习之后剩余的精力释放出来,以寻求一种畅快淋漓的运动快感。

（4）报偿动机。通过休闲体育活动参与来获得成功感和满足感，以弥补在日常生活、学习、工作中的心理不满足感、挫败感。

（5）社交动机。通过参与某些休闲活动来实现与他人交往的目的，同时提高自身的素质，促进自我的社会性发展。

个体参与休闲体育活动的动机是非常多样化的，不仅仅局限于上述几种，随着现代人对社会生活的日益重视，越来越多的人开始建立休闲体育意识，并主动投入休闲体育活动参与中，休闲体育是个体的一种自我生活方式选择。

（三）参与性

休闲体育的参与性是由体育运动的身体实践性所决定的。现代休闲体育具有很强的社会实践性，需要运动者亲身参与其中体验和获得某种感受，如果没有自身的参与，就无法获得运动体验，也就不能释放身心能量，也无法获得身心感受，不能实现身心的发展。

在这里必须说明的是，休闲体育的运动体验有直接体验和间接体验之分，直接体验就是运动者亲身参与到活动中去，通过身体活动实现休闲体育的参与；间接体验就是观看和欣赏休闲体育活动，这种情况下的休闲体育参与是没有身体实践活动的，但是获得的运动情感是真实存在的。

情感体验是休闲体育运动参与性的一种重要体现。休闲体育运动所能够实现的各种功能与作用，都是在活动者参与过程中体现出来的。通过休闲体育活动参与，个体不断对感知进行处理，并在休闲体育活动中投入一定的情感，这种活动体验并不是简单的感觉，而是一种感觉的深化与发展，需要个体在休闲体育活动的直接或间接参与过程中对某种行为做出有意识的解释，在体验的过程当中会产生一定的情感、情绪以及心理体验，这种丰富的体验是与休闲体育活动的时间与空间紧密联系的精神过程。

（四）多样化

现代休闲体育内容和形式是随着人们生活生产方式的不断发展而变化的,随着休闲体育的不断发展,休闲体育的内容和形式也在日益丰富,表现出多样化特征。

休闲体育内容方面,休闲体育是人们对自己业余生活的一种创造,而人的智慧力量是无穷的,善于创造新的技术和方法,发展到现在,人们所创造的休闲体育活动数不胜数,很难有人对此做出准确的统计。随着现代社会的不断发展,有很多新的休闲体育内容被创造出来,在未来也将有更多的休闲体育内容出现,休闲体育的内容是丰富多彩的,可以为不同的人群提供休闲体育参与选择。

休闲体育形式方面,休闲体育娱乐活动是人们以个人的方式在闲暇时间从事的活动,因此,休闲体育娱乐不拘泥于形式,可以是单独活动;可以是集体的活动;也可以在音乐伴奏中活动,如散步,慢跑,跳交谊舞、健美操、广场舞等,各种各样的休闲体育运动形式,也为不同人群参与休闲体育提供了多样化的选择。

（五）层次性

休闲体育的层次性特征表现在多个方面,具体分析如下。

1. 休闲体育的年龄层次

休闲体育面向全体人民群众,无论男女老少均可参与,但是由于生理上的客观差异性存在,不同年龄阶段的人的运动兴趣爱好、运动发展需要是不同的,因此,不同年龄阶段的人在休闲体育活动参与方面,会表现出明显的年龄层次特征。具体表现如下。

（1）儿童少年:活泼好动,处于生长发育期,多喜欢滑板、轮滑、小轮自行车等一些新奇的活动。

（2）青年人群:体力精力旺盛,处于人生发展的黄金期,多从事篮球、足球、攀岩等具有挑战性和对抗性的体育活动。

（3）中年人群：成熟稳重，注重生活品质，多从事高尔夫、网球、度假休闲等活动。

（4）老年人群：生理机能下降，容易孤独，多从事运动强度不大、交流互动性强的休闲体育活动。如散步、棋牌、广场舞等。

2. 休闲体育的消费层次

社会消费存在多种形式，具有不同消费能力和消费需求的人在休闲体育的内容与形式选择上也不同。

（1）高消费水平的休闲体育活动：这些活动完全是个人身份的象征和标志，这些参与者通常拥有相当大的财力，一般带有炫耀性消费的特征，至少在一段时期内（刚开始流行时期）属于奢侈消费，只有少数人参与的活动。如最初的网球运动、高尔夫运动，因消费支出费用多或者行政命令只允许贵族参与而成为少数人的休闲体育运动。再如保龄球运动，保龄球初传入我国时，参与保龄球运动必须要具备一定的经济实力，几乎是白领消费者的运动。在相当长的一段时期内，保龄球是一种社会阶层区分的活动。

（2）中等消费水平的休闲体育活动：体育休闲活动方式对个人经济情况的要求相对不高，既能显示出个人身份，也能表现出个人的运动能力。

（3）低消费水平的休闲体育活动：有一些休闲体育活动参与的消费水平较低，甚至不需要多少开销就能使自己获得身心愉悦的活动项目。

关于休闲体育的消费水平层次需要说明以下几点。

（1）休闲体育的消费水平只是在体育资源获得方面需要投入的费用多少有所不同，各种休闲体育活动本身并无高低贵贱之分。

（2）并非高收入者就一定会只选择从事高消费的休闲体育活动，休闲体育互动参与是一种自由、自发的体育活动，不同的休闲体育活动虽然与消费投入有一定的关系，但并不是决定运动者休闲体育项目选择的唯一因素。而低收入者的体育消费支出有限,因此几乎很少选择高消费的休闲体育活动。

(3)休闲体育活动的消费水平是动态变化的,一些原来处于高消费层次的休闲体育活动经过一段时间的发展,可能成为普通大众都能消费得起的休闲体育活动。如前文所列举的保龄球初传入我国时属于高消费休闲体育活动,现阶段,随着人们物质生活水平显著提高,保龄球馆增多,保龄球成为大众均可消费支付的休闲体育运动。

3. 休闲体育的难易层次

不同休闲体育活动的运动形式与内容不同,对运动参与者的体能、心理、智能等能力的要求也不同,不同的运动者在身心素质、运动经验、认知水平等方面又存在客观差异,因此,一些运动者在选择休闲体育活动时,必然会考虑到体育活动的技术要求和难度,这是个体选择何种休闲体育的重要依据之一,选择决策主要取决于休闲体育活动参与者对自己运动能力的评价。

一般来说,个人运动能力较强者,一般会选择技术含量较高的项目;而个人运动能力相对较差者则更愿意选择那些技术要求和难度都比较低的项目。但这种选择都是相对的,并不是绝对的。

(六)规范性

休闲体育作为体育的一种,具有体育规范性特点,这一特点表现在以下两个方面。

一方面,休闲体育活动的参与是以运动者从事各种体育运动来实现的,而体育运动参与必须遵守该体育运动项目的既定规则,否则就会破坏活动规则,扰乱活动秩序。大多数休闲体育活动都对休闲参与者的行为确定了相应的规范,如活动时间、活动方式、人与器械、人与人的活动关系等,都做了一定的要求,这就是"活动规则"。休闲体育活动中的"活动规则"虽然不像正式的体育竞技比赛规则那样严苛,但是也或多或少地对休闲体育活动参加者的行为给予了一定程度的约束,也正是体育运动的规范性使得参与者必须遵守规则,公平、公正、公开地参与游戏或竞争。任何人从事任何休闲体育活动都必须遵守活动规则,活动规则是体育活动的重要构成部分,否则就不能构成完整的体育活动。

另一方面,体育是一种特殊的社会文化形态,休闲体育也是一种社会文化,社会文化在社会中的存在就必然会受到社会规范的约束,休闲体育活动也不例外。在休闲体育活动的参与过程中,必须遵守社会公共秩序和道德的约束,不能做出违反社会公德的行为,如不能在马路上踢球、广场舞应避免扰民等。

(七)地域性

休闲体育活动具有鲜明的地域性特点,不同地域的人们的民俗风情不同,他们所喜欢和从事的休闲体育活动内容也不同,表现出地域性特点。

具体可以从两个方面来理解休闲体育的地域性,一种是体育旅游的不同地域风情,另一种是体育旅游的地域环境与条件。对于同一种体育活动内容的休闲体育来说,例如,同为广场舞,我国南方居民的广场舞风格和北方居民的广场舞风格是不同的,也和当地民俗风情一样表现出婉约和豪放的特征;对于不同种类的休闲体育活动来说,不同的地域,优势和特色休闲体育活动项目不同,如南方的水上休闲体育项目较多;北方的陆地休闲体育项目较多,同时又在各个地域表现出不同特点,如蒙古的草原马上运动、平原地区多开展球类运动。

(八)民族性

休闲体育的地域性与民族性是相辅相成的,休闲体育的地域性也正是不同地域的民族文化的外现。

文化是在人类社会的长期发展过程中产生的,不同的民族都有着自己独特的文化特色,这种文化的形成是一个漫长的过程,是一个民族在长期的生产劳动和生活实践中创造出来的,也正是这种文化特色的不同,使得各种体育文化更加绚丽多彩。

休闲体育文化包含于体育文化之中,在不同的民族的体育文化发展史中,会形成具有各自民族特色的休闲体育文化,休闲体育文化无论如何也不能独立于这种民族性之外。因此,在不同的国家,不同的民族地区,可以表现出不同于其他民族特质的休闲体育文化,如我国的休闲体育人口中,有相当一部分人会选择从事乒乓球、武术、太极拳、放风筝等运动,这正是我国休闲体育民族文化性的表现。

(九)符号化

文化本身就是一种符号,所有的人类语言和行为都属于一种符号,休闲体育作为一种特殊的文化形态,也具有符号化特征,是一定的社会文化、地位、经济、精神追求的符号与标签。

法国社会学家波德里亚认为:"休闲无法不成为符号消费的对象。"从文化社会学的角度来看,休闲体育就有一定的社会意义构成,它是社会文化的重要组成部分。简单来理解,不同休闲体育文化背后的参与人群总是有着与其他休闲体育活动参与人群所明显不同的特点,这些特点,就是休闲体育活动的符号,如热衷于从事激烈对抗运动的"热血青年",喜欢文静优雅健美运动的"白领",喜欢奢侈性休闲体育消费的"社会上层人士",还有一些小众的休闲体育运动的"文青"。

现代社会,人类文明丰富多彩而且先进,文化日益发达的今天,休闲体育运动已经成为文化记号和被消费的对象。当人们习惯于将各式各样的体育运动作为一种休闲消费选择的时候,休闲也就成为符号消费的对象,即"被消费的休闲"。

现阶段,人们的休闲体育行为表现出来的已经不再是单纯的对符号的表层追求,随着我国社会进入休闲社会,以及我国对国民健康的重视和对发展社会体育的推动,我国出现了众多的健身俱乐部、高尔夫球俱乐部等体育消费的场所,通常在这里需要交纳一定的会员费,有的俱乐部的会员费一年高达百万,对于这些会员来说,他们并不注重一年的体育消费费用,而更注重参与这些俱乐部休闲体育活动的社会地位象征,并且通过这一行为,可以结识同等地位和身份的人士。

(十)伦理性

伦理是一个社会学所研究的概念,其是对社会人的思想、行为等的总体规范的概括。具体来说,一方面,伦理是一种个人行为准则,伦理是指在处理人与人、人与社会相互关系时应遵循的道理和准则,教会人怎样正确地表达情感、为人处世;另一方面,伦理是人与人之间的关系相处模式,伦理是指人与人之间的相处符合社会公共道德准则。

休闲体育的对象是全体社会大众,因此,作为一个社会人,其任何社会性行为或活动都受伦理道德的制约和规范。伦理约束人的思想和行为,人与人、人与人的关系构成社会。休闲体育活动作为一种社会文化活动,自然会受到社会伦理的制约,这是休闲体育的规范性表现,具体到社会道德层面,就具有了社会伦理的具体要求。

从社会伦理学的角度来看,社会大环境中所形成的所有社会人都需要遵守的行为、道德规范就是社会伦理。休闲体育活动属于一种社会行为,必然要受到一定社会伦理道德及规范的制约,任何一个社会中的人,无论社会地位高低、经济收入多少,在参与休闲体育活动的过程中,都应遵守最进步的社会道德规范,不能损害他人和整个社会利益。否则就会遭到社会谴责,并受到相应的伦理道德讨伐。

新时期,随着社会的进步和人与人之间的关系的愈加完善,休闲体育的伦理特性表现得日益突出和重要。在现代社会中,任何个人将自己的休闲娱乐欲望的需求建立在损害他人利益和伤害他人身体的基础上,都会受到惩罚。例如国家体育总局在其官网发布《关于进一步规范广场舞健身活动的通知》,向四类不道德的行为说"不",大力规范了社会大众最新流行的广场舞休闲体育活动的开展(图1-1)。

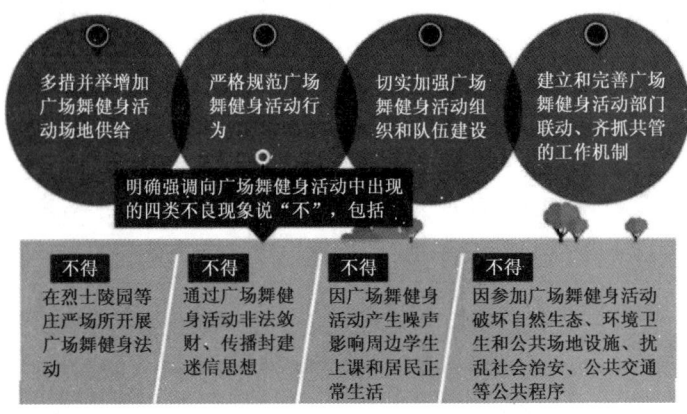

图 1-1

(十一)时尚性

时尚性是休闲体育的典型特征之一,休闲体育的时尚性,是人们在不同时期对休闲体育参与需求的重要表现,是随着社会物质文明的不断发展而逐渐形成的。许多休闲体育项目都是作为一种时尚被推广和发展起来,并在社会大众中广泛流传开来的。

现代休闲体育的时尚性主要表现在以下几个方面。

1. 社会阶层差异

追求时尚是每一个热衷于社会潮流的人都非常重视的。在现阶段的"全民健身""健康中国""体育强国"等社会大背景下,休闲体育参与也成为一种社会潮流,参与休闲体育是与社会最新潮流的最低成本、最高效率的接近。

一方面,大众选择休闲体育活动参与是与社会大格局保持一致的表现,另一方面,人们参与体育休闲活动以表明自己与某个社会阶层之间的平等性等级关系,可以促进与社会某一阶层,或者能和自己同等社会阶层之间的人形成良好的交流和互动,以此来实现自我社会心理的满足和社会资源的获取。

2. 群体文化差异

休闲体育是一种文化,丰富多彩的休闲体育文化表现出多元文化特征,不同的休闲体育文化活动参与者表现出一定的社会文化类别与差异。

一些人受意见领袖的影响,从事某休闲体育活动,这些人参与休闲体育活动,并不在乎物质和实际的东西,但又始终离不开这些具体的东西,这就意味着一些人可能因为某种原因(如思想认识、群体归属)而被隔绝于某群体之外或融入某群体之中。

现代休闲体育所表现出来的群体文化差异是非常明显的,如从事冒险、刺激、挑战类的休闲体育活动成为青年人的"酷时尚";而老年人所热衷的民族传统体育休闲内容则表现出浓浓的"中国风"。

(十二)流行性

流行性是指某种事物在社会上具有十分广泛的影响,并形成了一种时尚性的外在表现,流行往往是时尚的结果。

具体来说,应从以下几个方面来理解休闲体育的流行性。

1. 运动心理满足

休闲体育的流行性决定了人们的选择参与性。个体参与休闲体育,必然是因为休闲体育活动参与能满足运动者的个体心理需求,通过休闲体育参与,可以让人们的物质生活和精神生活得到升华,因此,休闲活动已经成为生活活动的重要组成部分,人们参与休闲体育会首先考虑那些传播广泛和普及的运动项目。

2. 文化空间特征

休闲体育的流行性有其自身特定的空间范围。例如,在美国流行打橄榄球,在东方国家就未必能流行起来。一些被主流社会所忽略的事物,当受到小部分人的强烈关注后,则很有可能渐渐形成流行的休闲体育文化。

3. 文化时间特征

休闲体育文化流行的时间特征具体表现在它往往是在一段时间内存在的,一种休闲体育不可能在人类发展的任何时期都始终流行,一种以前盛行的休闲体育运动可能会在某一段时期参与人数特别少,以前鲜为人知的休闲体育活动可能会在某一个时期掀起大众的运动热潮,不同的休闲体育运动的流行时间段长短也各不相同。

4. 快速发展特征

现代社会是一个快节奏的社会,生活、学习、工作的节奏都非常快,这就决定了现代社会也是一个快速消费的社会,在这种条件下,新的体育休闲活动项目不断地创造出来,由于传播媒体的作用,许多项目都会在较短的时间内迅速地向全世界传播,并逐渐成为国际性活动项目,休闲体育在大众中间的流行速度是非常快的。

5. 流行的多变性和反复性

休闲体育的流行是具有可变性的,而且这种变化是可反复的。具体来说,一个运动项目在大众休闲生活中的广泛流传是具有偶然性的,一种体育活动经常会在很短的时间里在一个地方流行起来,掀起大众运动热潮,这种热潮的热度可能在持续一段时间以后会持续减退,会被另一项新兴的体育运动所取代,流行具有反复性。人们求新求异的意识则使他们不断地放弃旧的活动,追求新的活动,周而复始是社会事物发展的一种具有规律性的特征。休闲体育也是一样,可能在经过一段时间后,原本被"抛弃"过的休闲体育运动项目与形式可能又会重新为另外的一代人广泛地接受,回到大众视野当中来。

6. 流行的受限制性

休闲是人们正常的生活、学习、工作之外的时间所从事的活动,这种休闲活动参与是个体对自我时间的自由支配和选择的结果。因此,一个休闲体育运动项目是否能流行起来受到人们的休闲体育参与时间和兴趣的制约。

在休闲体育运动项目中,哪个体育活动既有利于身心,又有助于打发时间,自然会成为人们主要的选择,也自然会因多数人的选择而广泛流行。

(十三)时代性

休闲体育具有时代性特点,不同时代的人们所喜欢的休闲体育运动项目是不同的,每一个时代的人都有他们所喜欢的体育运动风格和类别。

休闲体育的时代性正是文化时代性的具体体现。在不同的历史时期,存在着不同的物质文明和精神文明,具有各个时代不同的特性。休闲体育是在一定历史阶段、一定文化背景下产生和发展起来的,休闲体育的产生、演变、发展也同样离不开一定的社会基础,是随着时代的要求和进步而不断发展变化的,因此,在不同的时代人们所从事的休闲体育活动的内容与方式也会有着明显的不同。

纵观休闲体育的发展史,不同国家、地区、民族的休闲体育运动的发展都表现出了鲜明的时代特征。

早在中世纪,笼罩在神权统治下的欧洲,当时对万千百姓实施的是"禁欲"的思想教育,即便如此,也很难泯灭和抑制民众追求身体游戏的需要。

休闲体育发展到现阶段,和20世纪的体育活动形式相比,现代流行的休闲体育活动从内容、形式等方面都发生了较大的变化。

就我国近年来的休闲体育发展现状来说,人们参与休闲体育的热情更多地与国家体育政策紧密联系到一起,从2008年北京奥运会,到李娜网球大满贯,到建立"文化自信"推广民族传统体育,到借助2022年冬奥会举办带动3亿人参与冰雪运动,人民群众的休闲体育活动表现出鲜明的时代特征,新时代的国家发展目标与体育发展趋势紧密呼应,体现出新时代的社会体育文化追求。

二、休闲体育文化解析

(一)休闲体育文化内涵

文化的范畴是十分广泛的,休闲文化、体育文化、休闲体育文化的全部外延都应该被包含其中,都是宏观意义上的文化的组成部分,或者说是文化的表达维度。

在文化范畴下,休闲体育文化是人们通过体育运动的方式,在休闲的实践过程中创造并共同享有的、关于这一社会现象的物质实体、价值观念、制度规范及其行为方式的总和。①

作为一种文化交叉领域,休闲体育文化是休闲文化和体育文化的一种表现方式,而建构这种表现方式的全部内容正是文化的基本构架——物质实体、价值观念、制度规范和行为方式等方面的建构因素,休闲体育的目标是通过多种多样的体育活动,达到健身、娱乐、欣赏、交往等目的,满足个人身心发展需要。

在休闲体育文化中,健身是休闲体育的基础,娱乐是休闲体育的核心。西方发达国家多用"娱乐""休闲""休闲娱乐"等来表述休闲体育。由此可见休闲体育的重要活动目标,但是也必须指出的是,休闲体育与一般健身不同,休闲体育在健身的同时还注重运动者的情感体验,在运动过程中强调运动参与的挑战性、刺激性、冒险性、新颖性、趣味性和艺术表现性。在休闲体育中,人们充分展示个人的能力与个性,获得身心的愉悦和满足。而休闲体育文化正是休闲体育运动爱好者集体的一种运动情感表达,表现的是在参与休闲体育活动过程中的个人价值观、世界观。

新时期的休闲体育文化更多地融入了科学技术的成分,新颖的休闲体育项目的产生,都是建立在科学的基础之上的,采用了

---

① 吴明深. 休闲体育文化审视[M]. 北京:中国科学文化出版社,2003.

新技术、新材料和新方法,正是因为"新"元素的加入,才使得休闲体育更加高雅、高尚、高品位,大大地丰富了体育文化活动的内容。因此可以说,休闲体育文化是一种具有一定科学技术含量和文化品位的社会文化。

(二)休闲体育文化的结构层次

一般意义上的文化结构主要划分为三个层次,即物质层次、精神层次、制度层次,对休闲体育文化的结构层次也按照这三个层次进行分析。

1. 休闲体育物质文化

体育是人类的物质文化与精神文化的重要结合,包括了运动者的身体实践活动的精神领域的思想、心理活动。

物质文化是一种实体文化,在休闲体育文化体系中,物质文化是休闲体育文化建设的基础,也是客观物质保障,是休闲体育文化建设的"硬件"。人在享受物态文化(运动的环境条件、运动的场地器材)的同时,又在不断地创造着新的物态文化。一方面,在休闲体育文化的建设与各项休闲体育文化活动的开展中,缺少物质基础一切则不能正常运行;另一方面,个体在参与休闲体育活动的过程中,也通过自身的运动在自然世界和人造世界中对自己的有机体进行改造。

休闲体育文化物质层面的内容十分丰富,包括构建一切体育活动项目的场地器材、设施设备等人造物和按照体育活动需要被改造的自然物。

休闲体育物质文化包括以下几方面内容。

(1)体育运动形式。

(2)体育场馆、体育器材、体育设施、游泳池、高尔夫球场、滑雪场、漂流场、球拍、球杆、球等。

(3)体育文献、体育书籍资料、音像制品等。

(4)体育雕塑、体育建筑、体育广场等。

(5)体育标语,体育宣传画、文字、海报等。

(6)体育教练、教师、指导员队伍。

2. 休闲体育精神文化

精神对个体行为的影响是很重要的,个体的精神层面的观念、理念、思想等的变化,会直接影响和决定其行为的发生、发展。没有精神,人就和动物没有区别,人的行为将不再具有社会意义,与动物无异。

体育活动中的科学、心理、道德、哲学、审美、文学艺术等思想意识形态都是体育精神文化。① 休闲体育文化的文化价值在于休闲体育价值观的弘扬。

休闲体育精神文化,是一种体育价值观,是指运动者在长期参与休闲体育文化活动的过程中形成的,在体育精神层面上的、普遍的、自觉的观念和方式。人们通过参与休闲体育本身就是用行为来表现人们对体育的态度和看法,表现出人们对体育的意义、价值、功能的认识。这一文化受社会文化背景与意识形态的影响。

休闲体育精神文化是一个不断深化的过程,人们在参与休闲体育的运动过程中,一边强化自己对体育的认识,一边在休闲体育活动实践中继续发掘、建构和更新体育的价值体系,使体育在现代社会中的功能不断地发挥和发展。

休闲体育精神文化的内容具体如下。

(1)体育观念:价值观念层面的内容主要包含人们的休闲观和体育观,人们对休闲体育的各种价值的理解等。

(2)体育精神:运动者在长期参与休闲体育文化活动中逐步积淀、整合、提炼出来的精神品质。

(3)体育风尚:运动者在长期参与休闲体育文化活动中逐步形成的一种普遍的、自觉性的体育行为和习惯。

(4)体育道德:社会大众的整体人文素质状况的有效反映,是

---

① 刘健.体育文化探究[M].北京:科学出版社,2017.

指人们在休闲体育文化活动中体现出的道德水平。

3. 休闲体育制度文化

制度文化是一个小的文化体系,它并不是单一形式的存在,而是由多重元素构成,介于物质和精神文化二者之间的一种特殊的文化形态。休闲体育文化的制度层次表现为休闲体育的各种相关法律制度和规定等。

(1)体育法规:社会对每个公民参与体育的权利的规定,是参与休闲体育活动的最高法律准则。

(2)体育行为规则:每一项休闲体育活动项目都有本身的活动方式和规则要求,这种统一的活动方式和规则要求则是对所有休闲体育参与者在活动中的行为规范。

(3)体育道德规范:社会对余暇时间的规定,体现了社会劳动生产制度和社会发展的水平、社会对人们的行为的评判倾向。休闲体育本身就是社会文化的表现形式之一,参与休闲体育文化活动需要受到社会关系和相关制度的影响和制约。

第三节 休闲体育与社会健康生活

一、休闲体育产生的社会动因

(一)社会存在的同源性

体育是从人们的生产劳动中产生并发展起来的,并逐渐脱离人们的生产劳动,形成一种特殊的社会文化。

休闲体育文化作为一种体育文化形态,其起源同样是生产劳动,而生产劳动是人类社会存在的根本基础,休闲体育文化和整个社会的发展都是建立在人的生产劳动基础之上的。

劳动是作用于自然或其他物质,目的在于改造客观物质的自然属性。体育是以人自身的活动,改变人自身的自然属性和社会属性。劳动的结果是产生使用价值,而体育运动的结果则是产生锻炼效果和竞技价值。休闲体育文化的产生以其与物质文化体系的分离为标志,成为社会上层建筑的重要组成部分。

(二)社会发展的需要

人的需要是多方面的,除了生产的需要外,还有生理、心理、安全、娱乐、社交、信仰等各种各样的需要。这些需要都对休闲体育文化产生了催化作用。

随着社会的不断发展,人的社会需要越来越多,也促进了休闲体育文化的不断丰富,人对更丰富、更高质量的社会生活的需要促进了休闲体育文化内容的不断丰富,人的社会发展需要是休闲体育文化产生与发展的重要基础。

二、休闲体育对社会健康生活的丰富

(一)丰富大众业余生活

发展到现在,休闲体育活动内容与形式是丰富多彩的,休闲体育作为一种社会文化,更具有文化韵味,可以满足人们的娱乐性、消遣性需求,满足对美的需求、自我发展的需求。总之,参与休闲体育活动为人们的精神文化消费提供了多样化的内容和形式,使大众的社会生活更加丰富多彩。

(二)丰富大众精神文化生活

现代社会带给人们的各种压力是非常多的,激烈的社会竞争,人们所面临的各种压力纷至沓来,休闲时间更多的是情绪的宣泄和身心的放松。参与休闲体育活动,是一种健康有效的情感宣泄方式,能使人的心理得到慰藉与满足。

随着社会的不断发展与进步,现代社会中人们休闲时间的增多,人们对自我生活的控制力就越弱小,这种由休闲而产生的失落感、愧疚感、心理失衡等就越多,严重的还有因休闲导致的孤独、自杀和犯罪行为。

当前,人们的休闲方式选择多样,如品尝美食、看电影、朋友聚会、社交联谊、电子竞技、网络游戏等,与这些休闲方式相比,休闲体育活动参与是最有效的,也最有利于个体身心健康的休闲方式。

体育休闲是一种健康的休闲活动形式,运动本身是人类健康身体的自然需要,休闲体育又十分强调内容的丰富性和趣味性,迎合大众的口味,在休闲体育活动参与过程中氛围轻松、关系和谐,不仅可以促进人体的生理健康和心理健康,还有助于运动者更好地融入他人、融入社会,不可否认,休闲体育运动的广泛发展对大众的精神文化生活是非常有益的一种补充。

三、休闲体育对社会生活质量的提高

(一)促进个体的社会化

休闲体育活动参与是一种很好地促进个体的社会过程,可以有效提高运动者的社会适应能力、社交能力、社会发展与创造能力。

休闲体育活动能为个体与他人进行人际交往提供一个良好的平台。尤其是对于集体性运动项目而言,参与休闲体育活动的个体必须经过交流并最终达成一致意见才能顺利地进行休闲体育活动,在参与休闲体育活动的过程中可以培养运动者与自身、与他人的良好沟通能力,并增进个体的社会归属感。

现代休闲体育运动的影响范围大,受众人群广,重大比赛之间,具有相同爱好的体育运动者共同关注休闲体育运动项目的发展,并主动投入休闲体育活动中,在客观上使得社会成员尽可能地参与其间,使同一体育兴趣爱好的不同受众之间的社会关系更加密切。

(二)构建健康生活态度和方式

休闲体育活动参与对于人的价值观念的影响具有重要的导向作用,尤其是主流大众传播媒介的休闲体育价值观念会潜移默化地影响大众休闲体育参与的态度和行为。

我国城乡居民参与休闲体育的重要形式主要是通过大众传播媒介进行的,大众传播媒介对人们的体育价值观念和意识具有重要的导向作用,应正确引导,进而发展成为居民的日常生活内容与方式。

当大众休闲体育活动参与成为一种流行生活方式,就能潜移默化地深入人民群众的日常生活中,帮助人民群众树立正确的健康观、体育观,并能坚持长期参与休闲体育活动,增进自身身心健康全面发展,终身受益。

(三)构建和谐社会环境与氛围

和谐社会,是一种人与人、人与自然、人与社会都和谐的社会,具体来说,和谐社会的构成和实现必须要求以下三个方面的关系和谐。人与人、自然以及社会之间的和谐;生产力与生产关系之间的和谐;经济基础和上层建筑之间的和谐。上述三个方面缺一不可,休闲体育活动可以促进人与人、人与社会、社会各要素之间的和谐,可以促进全面和谐的社会构建。

1. 促进其他文化的发展

体育作为一种社会文化形态,与社会中的其他文化形态,如音乐、绘画、雕塑、建筑等之间具有密切的联系。

体育发展至今,以体育运动为主题的音乐、绘画作品充分表现了竞技健康向上的精神和态度,而且运动员的运动美、精神美等方面给予人们艺术创作的灵感,促进了体育文化和音乐、绘画、雕塑、建筑等的发展。如罗丹创造出著名的"运动员"铜塑;"鸟巢"和"水立方"是建筑史上的经典之作。

休闲体育文化在社会范围内的广泛传播与普及、发展,能够在全社会形成一个体育文化环境与氛围,并以体育文化为基础,促进和推动其他文化的发展,整个社会的文化环境与氛围的改善,可以促进社会大众的整体文化素质提高。

2. 构建和谐社会关系

休闲体育运动参与是一种良好的社交方式,现代社会中的人的发展离不开与社会上的其他人打交道,人际交往是现代社会生存和发展的重要基础,在现代社会中,任何一个正常的人都不可能脱离其他人而单独存在。良好的社会关系不仅有助于个体的发展,也有助于整个社会的发展。

现代社会,竞争激烈、生活节奏快,各种人群面临着多方面的压力,迫于生存、生计无闲余时间进行休闲交际,人与人之间缺乏感情交流,关系淡漠,人际关系渐渐疏远。体育运动则可以打破这种封闭,营造良好的人际关系。

休闲体育活动的推广与参与,对社会建设具有重要意义。具体来说,休闲体育文化及其活动鼓励人们通过参与体育来热爱生活、享受生活,积极促进自身人格的完善,这是人自身和谐和社会和谐的重要基础。

此外,休闲体育活动参与还促进了人与人之间的和谐关系建设。现代社会十分强调团队精神和人与人之间的合作,因此就需要社会成员具备协调各种人际关系的能力,这是人适应社会发展的必然要求。休闲体育活动为当下社会中的各类人群搭建了一个相互交流的平台,无论男女老少、无论职业收入,都能通过休闲体育活动参与走到一起,具有相同体育运动爱好的运动者聚集在一起参与休闲体育活动,彼此相互尊重、相互理解、相互信任、宽容待人、团结协作、亲善友爱,在和谐的人际关系中获得自我满足,也能将这种交际的美好带到日常的生活、学习、工作中,实现整个社会的和谐发展。

第二章　休闲体育多元价值论

休闲体育具有多元价值,这也正是休闲体育能吸引众多的人不断参与其中的重要原因。本章重点就休闲体育的多元价值进行分析与研究,以为运动者更加深入地理解休闲体育的运动价值提供理论指导,通过加深运动者对休闲体育运动价值的认知,促进运动者主动参与到休闲体育活动中来,并在休闲体育参与过程中更加有意识和有针对性地开展科学运动,以达到更好的休闲效果。

第一节　休闲体育的休闲论

一、休闲与人的发展

(一)返璞归真

休闲是一种身心的有益放松,对于现代人而言,快速的生活节奏、激烈的社会竞争,使得闲暇时间的个人休闲更加弥足珍贵,休闲体育能够将人们从生活、学习、工作的"禁锢"中解放出来,是一种健康的帮助运动者找回自我、享受自我休闲的方式,能真正卸下作为社会成员的"负担",实现"返璞归真"。

休闲的真正目的是毫无"要完成某一项任务的压力"的"做真正想做的事",这种休闲,是个人在"自由支配的时间"内进行"自由活动"。"自由"是个人参与休闲活动的一个最主要的特征。

1. 休闲的自由时间

自由时间是人需要休闲必须具备的条件,它与"束缚时间"是一个相对的概念。休闲,是使人回归到自然状态最有效的方式,通过休闲,能让人从生活(做家务、辅导作业)、学习、工作的"必要时间"中解放出来,消除在生活、学习、工作中为了完成家庭义务、学习任务、工作任务所产生的紧张感和疲劳感,真正能拥有供自己支配的时间,并在可自由支配的时间中放松地从事自己想做的事情。

2. 休闲的自由选择

人们休闲,其根本目的是消除工作中产生的紧张与疲劳,恢复体力、智力以及情感,具体的放松内容与方式选择可根据个人爱好进行,不受他人干扰。

人们对休闲的认识是随着社会生活的不断发展和变化而逐渐全面、深化的,传统的休闲是让身体娴静下来,通过静坐、静卧、睡眠好好休息,弥补机体的损伤和劳累。随着人们对休闲认知的不断深入,现代社会中的休闲,在注重身心休息的同时也注重身心能量的丰富,是一种"积极性休闲",在现代生活中,最积极有效的生活方式是让工作中没有得到活动的身体部位得到锻炼。

3. 休闲的精神文化自由

现代社会,经济越发达,人们所面临的压力就会越大,人们的休闲出现了一个相互矛盾的问题就是,虽然闲暇时间不断增多,休闲的有效性却在下降。

随着现代社会的不断发展,激烈的社会竞争使得人很难从生活、学习、工作的压力中解放出来,人日益"工具化",人变成工作的机器,社会文明异化,休闲体育的出现使得人们能从社会生活环境中解放出来,把人从"工具化"的状态中解脱出来,使人回归自然的放松状态,在轻松的环境与氛围中实现自我放松、自我完善、自我发展。

作为一种健康的休闲方式,休闲体育运动使人们从被动的消磨空闲转变为对高质量娱乐休闲的追求;休闲的价值在于构建出一个有意义的世界,增加了人的归属感和存在感,而不是在于提供技术与工具或物质财富,极大地丰富了人的精神世界。

(二)发展身心

学术界对休闲的认知有以下三种代表性观点。
(1)休闲是一种做事的方法和心灵状态。
(2)休闲是为塑造人而自由选择的活动。
(3)休闲是在处理好其他事情后最后剩余的事。

上述三种对休闲的认知都是旨在通过休闲"将人从必要或责任义务的羁绊中解脱出来",现在一般认为,休闲是一种生活态度和观念。

树立正确的休闲观、从事健康休闲活动,有益于身心健康发展。

首先,就个体的发展来讲,休闲能使人感受到身体的放松并获得快乐感,运动休闲是一种获得快乐感的有效形式。运动使人快乐,从生理学角度来讲,人体运动可促进人体分泌内啡肽,这种物质可以使人的心情愉悦,因此可以产生运动快感。从事休闲体育活动,是在注重人体身体健康和良性发展的基础上进行的放松性身体活动,可以愉悦身心,促进运动者的身心保持在良好的状态。与其他休闲方式相比,休闲体育是使休闲变健康的一种积极手段。现代社会对时空的高度组织和密集型的生产、学习方式以及信息社会里的高虚拟式的室内活动方式,使得更多的现代人很难摆脱各种社会角色、工作角色的"标签"而独立存在,个人逐渐在社会生活、学习、工作中迷失自我,在休闲体育过程中,强调了休闲活动参与的目的性,是"个人性"的且能获得相对有利的结果,是一种对自我身心的重塑过程。

其次,休闲活动参与可以促进个体的心理健康发展。从个人健康心理发展和个性塑造的角度来看,休闲在促进人格的发展方面有着非常重要的作用。现代人从事各种休闲活动,其主要的方式是发泄和释放在日常生活、学习、工作中"被压制"的"潜在的欲望"。当前市场经济条件下,受经济利益的驱动,各种休闲方式层出不穷,并在社会大众中吸引了相当一部分人参与其中,休闲活动的粗俗化愈演愈烈。例如赌博、色情、吸毒等,这些粗俗的休闲活动虽然也释放了参与者的"潜在欲望",但是,却是一种错误的休闲方式,并不能对人的身心健康产生任何促进作用,反而还会侵害个人健康、社会健康,尤其是一些不良的休闲方式对青少年群体的"毒害"是非常深的。休闲体育是一种健康的休闲方式,其通过体育活动参与的形式来强健身体、提高身体素质、培养良好意志品质,可促进休闲者的身心真正得到健康的发展。

最后,休闲的切身参与性对于休闲者的情感活动是具有重要影响的,具体来说,随着现代科技的发展,很多休闲活动借助电视、网络等电子媒介单一和平面化地呈现给大众,如前文所说的电子游戏,还有电视节目等,通过观看电视或网络视频、浏览网页、博客、公众号也能打发时间,进行休闲,但这种休闲是"静止的""沙发上的休闲",是一种隔着屏幕的不能切身参与的休闲,是"不真实的休闲"。信息社会中高虚拟式的室内活动方式,使得很多城市的居民已经进入了消极休闲的状态之中,产生了一种失去了拥有自己身体的感觉。消极的休闲容易使人懒惰和懈怠,也降低了人的运动能力。相比之下,休闲体育将个体的身体、心理、思维等有机结合起来,对个体的感官刺激更真实,对个体的身心健康发展也更加有益。

(三)休闲与工作的互融

与劳动相比,休闲是一种非常有意义的活动。劳动与休闲有着本质的区别,因此,劳动与休闲是不可相互替代的(表2-1)。

表 2-1 劳动与休闲对比

	劳动	休闲
活动范围	一定的社会关系网络中	以个人的生活为中心
活动目标	提供产品和服务	恢复体力,满足兴趣,提高智力
活动意义	生存发展的前提条件	保持身心健康的必要环节
活动特征	不一定是个人喜欢的	有明显的个人喜好,有特定文化特征

在以前,人们普遍认为,个人生活的目的就是工作,通过劳动创造更好的物质和文化生活,生活工作之余休闲的目的是提高工作效率。

现代休闲是一种新的休闲观,休闲强调"个人从责任义务中解脱出来""做想要做的事,而不是必须做的事",休闲的目的是更好地工作,同时也是更好地生活。对于一些人来说,如哲学家、音乐家,他们的休闲本身就是工作。

在人类社会生活中,劳动与休闲是相对的两个概念,并且两者互为目的与手段。工作与休闲之间的关系是复杂的,也是简单的。

随着现代社会的快速发展和人们闲余时间的增多,人们对休闲更加重视,休闲逐渐成为现代生活中非常重要的部分。休闲与工作并不是对立关系,休闲不是为了忘却工作,而是为了让生活过得更加美好。工作的真正目的是促进人的发展而制造出更多更好的休闲。

现代的休闲观念,并不是要将必要的劳动与工作免除,而是将休闲当作自我放松及自我成长的时间,并使之成为个人可自由选择的权益,只有个人得到了放松与发展,才能更好地投入劳动与工作中,继而促进整个社会的发展。因此,休闲成为生活的主要目的,工作成为支持休闲成长所必需的前提。现代的休闲是为工作富有个性和获得生活乐趣而服务的,使得更多的人能从工作中得到更多的休闲乐趣,在工作之余有更多的时间进行个人休闲活动参与,并通过休闲实现个人工作效率的提高。休闲与工作的相互融入是社会的进步表现。

二、休闲体育是一种新的健康休闲方式

(一)独特的休闲特点

休闲体育是众多休闲内容与方式中的一种,这种休闲所具有的特殊的休闲特点,使其具备能吸引大众参与的可能。

1. 广泛适应性

休闲体育内容丰富、形式多样,人们在闲暇时间里以个人的方式从事休闲体育活动。休闲体育娱乐既可以是单独的活动,也可以是集体活动;可以在音乐伴奏下进行,也可以无伴奏自己掌握运动节奏;可在室内,也可以在户外。不拘泥于任何形式。

休闲体育的广泛适应性,使得任何人,在任何时间、任何地点都能找到一种适合自己的休闲内容和形式,并乐享其中。

2. 门槛较低

休闲体育活动参与,并不追求技能的专项发展,和竞技性体育运动相比,休闲体育娱乐活动没有过高的要求,只要有健身欲望,即使运动者以前从来没有接触过,也能很快熟悉技能并积极参与到休闲娱乐活动中,在活动参与中释放身心负能量、收获身心正能量。

3. 机动灵活

休闲体育运动不同于体育运动训练,运动过程中充分考虑了个人的身心适应范围与能力,并不提倡长时间进行竭力运动,参与休闲体育运动,在活动内容、时间、工作闲歇等的选择上,多是在茶余饭后、早晚闲暇时间、节假日开展,时间安排可长可短,完全根据个人的兴致、体力、忙与闲的具体情况而定,机动灵活。

4. 选择性强

现代休闲体育的广泛适应性,决定了休闲体育较强的选择性。任何一个人都可以根据个人的爱好和兴趣来选择适合自己的运动形式。同时,人们还可以寓工作于娱乐,增进个人的交往能力与范围。

参与休闲体育并不需要正规的运动场地,在公园、广场或家中都可进行。休闲体育的广泛适应性和机动灵活的特点,使得休闲体育运动者能在运动的时间、地点、内容、方式等方面拥有更多的选择。

5. 投入成本低

现代休闲体育的投入成本是较低的,适合全体社会大众参与。

休闲体育的时间投入成本低,参与休闲体育不用专门安排出半天或一天的时间来进行活动,在生活、学习、工作完成的间隙就可以从事休闲体育活动。

休闲体育的经费投入成本低,随着现代社会经济的快速发展,生活节奏的加快,现代人的工作和生活呈现出快节奏、高效率的特点。在进入社会经营性场所后,许多休闲体育娱乐活动需要收费,如健身房、游泳馆、滑雪场等。这就使得很多体育运动者不得不付费参与体育运动,很多人常因经济条件限制难以坚持。休闲体育娱乐活动对场地、器材要求不是很高,不需要运动者较多的经费投入即可开展。

休闲体育的精力投入成本低。休闲体育重在休闲,是一种方式,整个活动也是在轻松愉悦的环境中开展的,与运动训练、运动比赛不同,不需要运动者始终保持高度紧张的状态。

(二)健康生活新方式

随着我国全民健康事业的不断发展,人们的休闲观念和以往相比发生了很大的变化,休闲是一段闲暇、一种娱乐活动,它是健康生活方式的重要组成部分。当下,休闲意识已经被越来越多的人所认识,让体育运动的形式进入生产活动之外的"休闲",是倡导一种健康、文明、科学的新生活方式,休闲已经成为现代一种健康新生活方式。

休闲体育融入日常生活,是社会发展的必然趋势。休闲体育融入现代人的日常生活,具有必然性。

1. 大众健康发展需求

现代社会的高速发展,使得现代人压力不断增大,再加上饮食观念与习惯不健康、运动不足、不良生活习惯等,各种"社会文明病"高发,大众体质和健康水平逐年下降,"健康"成为一个全世界都关注的重要社会课题。

大量的实验研究证明,经常参与休闲体育运动能有效降低心脏发病猝死的概率,经常锻炼能增强心脏功能,预防和减少患高血压、高胆固醇症和肥胖等疾病危险;同时可以改善糖尿病、骨质疏松症、关节炎、情绪波动等病症。休闲体育是一种轻松愉快的运动,能在潜移默化的运动参与中改善人体健康水平。

2. 社会生活发展需求

休闲体育对个人发展、社会发展有着基本的价值。

现代社会,人们努力学习和工作,是为了获得更多的生存发展资料,是为了在社会中实现自我价值。现代人已经充分意识到,个人的生活中不只有学习和工作,在损耗个人身心健康基础上的努力和拼命都是错误的奋斗观,正如前文所提到的,工作与休闲,二者是可以相互交融的,劳逸结合,才能实现个人和社会长远的发展。

全世界范围内,越是经济发达的国家,就越注重休闲,在以休闲为中心的社会,闲暇时间的增加,可能会对个体和社会的休闲质量产生影响。参与休闲体育活动是对健康人生有价值的、可靠的投资。体育除了作为学校里的体育课,领奖台上的奖牌之外,也是千家万户生活中不可或缺的生活必需品。

3. 提升幸福感

高质量的生活能给予个体幸福感,促进个体更好地实现个人价值和社会价值,高质量的生活是指有意义的、有效的、有趣的、富有的生存。这种生存是基于人的满足感、自由感、履行感的。体育运动能有效提高人的生活质量,满足个人的身体、精神、社会发展需求,人们可以通过闲暇时间的高效利用来促进生活质量的提高,并在体育参与过程中实现自我发展和在集体中的个人价值,使人们能愉悦自我。

现阶段,我国关注民生,关注大众体育健康生活,注重人民群众的生活水平和质量的提高,这也是我国大力推广休闲体育健身的重要原因。

总之,体育是基于人们的身体、精神、社会的安康;基于最久远、最崇高的人类有益、和平的价值观念,关注人类健康与幸福。通过休闲体育活动参与,能使运动者在自我身体得到锻炼的同时,获得交往、认同、归属,进而提升幸福感。

(三)时尚交往新方式

在全民健身背景下,社会大众的整个健身意识都在提高。在市场经济发展下,人们的交往方式也发生了重要的变化,现代社会,人们交往的空间不断扩大,感情通融和交流的需要日益加强,感情沟通的工具和方式也是多种多样的。传统请客吃饭的社会交往方式使很多人的身心健康负担加重,因此,更健康的社交方式——"请人吃饭不如请人出汗"的休闲体育运动,在大众间广泛流传开来。人们开始离开烟雾弥漫、酒气熏天的饭桌,更多地去选择在能与大自然亲近接触的地方拓展交际。在这种休闲方式倡导下,休闲体育旅游、高尔夫度假成为新兴休闲体育活动形式。

休闲体育在社会大众间广泛流传是具有重要社会意义的,现代社会,人们更加追求健康,尤其是处于社会上层的精英们,无论是谈生意还是日常社交,更倾向于换上一身休闲装,轻松潇洒地约对方到健身房,到运动场上交战几局,在轻松愉悦的环境中增加互信和好感。在蓝天白云下、在绿茵地和沙滩上,一边运动健身一边畅聊,可以大大提高交流和合作效率,又能增进身心健康、融洽关系,因此,休闲体育活动成为现代社会一种时尚交往的新方式。

第二节 休闲体育的游戏论

一、游戏的身体运动观

从本质来看,基于身体实践的运动游戏在世界范围内的普遍发展是身体运动观的一种转变。身体运动理论存在两种运动观,即运动手段论和运动目的论。

(一)运动的游戏冲动

席勒认为,人的行为是感性冲动与形式冲动的共同结果,人的"游戏冲动"是唤醒和产生个体的行为(生理活动与运动)的重要行为根源。

以巴西足球为例,足球是巴西人民生活的重要组成部分,巴西人民参与足球更多的是在积极而热切的状态下享受足球,这是源于内心对足球的喜爱,是一种自然的、由内而外的情感冲动,尽管巴西足球职业化程度高,但普通百姓的足球参与并没有功利化,而是作为日常生活之余的快乐来源的一种重要活动形式,这种对足球运动参与的游戏心理与状态,正是游戏冲动下人对运动的需要。[①]

---

① 杨韵. 西方哲学游戏论视域下的体育本质解释[D]. 南京师范大学,2015.

（二）运动手段论

运动手段论认为，运动只是培养某一种人才的一种手段。运动手段论以制度性的需要制定培养目标，对身体运动的评价也并非对运动本身的评价，这归因于近代体育带有军事训练特征的体操为开端而形成的身体运动观。

通过运动参与，可以提高作为未来劳动者的学生的身体素质、心理素质、社会能力，培养符合社会发展要求的现代各种素质全面发展的人才，通过运动参与，可以发掘和培养优秀的竞技体育运动人才，不管是哪种人才的培养，运动本身是一种实现人才培养的重要手段。

（三）运动目的论

运动目的论，是在运动手段论的基础上，随着对运动认识的加深而提出的一种新的运动理论，该理论最早出现在19世纪，当时，欧洲大陆开始采用体操制度，英国人提倡竞技运动、乡村运动和娱乐，动摇了身体运动手段论的思想。19世纪后期，以游戏为主要特征的身体运动目的论思想受到了广泛的关注与认同，这也为现代休闲体育的发展提供了思想理论指导，更多的人开始关注体育的休闲娱乐价值。

个体参与运动是为了满足自身的某种需要，这些活动本身并没有独立意义，而人从事活动就为活动赋予了一定的意义，这些活动的存在是满足人的某种需要的一种有效手段，如果一种活动仅仅具有手段的意义，那么对于个体来说它很可能成为一种负担。因此，人们自然要发现非功利性的艺术或游戏，使那些作为手段的活动具有一定的乐趣，如此才能"不那么枯燥"地去从事该活动，这种乐趣赋予就使得原本只是作为一种手段存在的活动具有了独立于原有目的之外的乐趣与意义，活动不再仅仅是手段，而是具有了目的性。

从运动心理学角度，通过不同年龄的运动乐趣获取来分析运动目的论的形象生动,童年时期,儿童从事各种游戏获得运动快乐,这种快乐的获取方式是非常简单的,成年之后的人所面临的世界更加的丰富多彩,科学技术的发展也给现代人带来了很多的休闲方式,但是无论是哪一个年龄阶段的人都经常会留恋和怀念童年时代无忧无虑的玩耍时光,但现代人不可能像儿童少年那样都去参与幼儿游戏,体育运动是无年龄限制的,因此,休闲体育丰富的活动内容能给予现代人体育活动与游戏参与的乐趣,吸引他们不断去从事休闲体育活动,这正是因为休闲体育运动使运动本身具有了独立的价值与乐趣,休闲体育运动以其最直接的感性实践方式使得人们通过参与体育实现了对参与游戏、取悦自己的向往。人们从事休闲体育运动具有了一定的运动目的(享受游戏式的快乐、愉悦身心,实现自我意识觉醒)。

二、游戏与体育

游戏是一种古老而又普遍的社会文化现象,其与体育活动联系密切。体育运动也是一种社会文化现象,是全社会最重要的教育、娱乐活动。

(一)体育的游戏属性

体育产生之初就具有娱乐属性,原始社会,人类所有的身体活动都是为生存服务的,后来随着人类劳动的进步和意识的发展,人们终于"把自己身体的健康、强壮和优美作为文化目的",从而产生了体育。

体育具有娱乐性,休闲体育对体育中的娱乐性进行了进一步的挖掘和突显,使其成为休闲娱乐的重要内容。

在这里必须明确指出的是,人的体育活动参与与动物的运动游戏有着本质的区别。人类的游戏是一种古老而又普遍的社会文化现象,是有着"增强体质、愉悦身心、促进交际"的社会文化属性的,而动物的游戏只是一种相处方式,体育的每一步演进和发展,是由人类自身创造的,同时,也标志着人类的进步。

(二)体育是系统化的游戏

体育运动在萌芽和起源之初多是游戏形式,因此,从游戏的角度来研究体育运动具有重要的理论意义。

作为一种社会文化现象,随着人类社会的不断发展,人们参与游戏的动机和目的也在不断发生着变化,现阶段,人们参与运动,更多的是享受运动乐趣,并不强调技能提高,而更注重游戏过程中的经验和情感获得。

三、游戏与休闲体育

休闲体育具有游戏属性,而且与经济体育和运动训练相比,将体育的游戏性放大了。个体参与休闲体育,更重要的是享受游戏体验的过程。休闲体育娱乐活动参与能充分满足个人运动游戏获得的需求。

就现代人的休闲体育参与需求来看,当前,人们的闲暇生活方式也发生了较大的变化,人们的体育消费观念也发生了很大的变化,随着人们生活水平的不断提高,大众在休闲体育健身、娱乐等方面的消费投入逐渐增多,休闲体育消费成为市场经济中的一种新兴的体育消费形式。

从经济发展的角度来看,当前体验经济时代,休闲体育消费具有广泛的消费市场,正是因为休闲体育能满足体育消费者的运动游戏心理需求,有学者认为,继农业经济、工业经济、服务经济之后,体验经济已逐渐成为第四个经济发展阶段,成为以健身运动与娱乐为特点的体育消费新的经济增长点,在休闲体育活动参与过程中,消费者能充分体验到体育产业的体育服务,休闲体育产业成为新时代"体验经济"的典型代表,通过体育消费,能使得体育消费者获得运动参与乐趣。人们参与休闲体育活动,是对不同角色的游戏体验,这种体验满足了消费者释放情感、愉悦身心的需求。

第三节　休闲体育的娱乐论

一、娱乐的健康促进

现代健康是一种多维健康,通过各种各样的(积极向上的)娱乐活动参与,可以引起人体生理、心理的变化,并对社会文化产生影响,由此可以促进个体和社会的健康发展。

（一）身体娱乐

身体娱乐能促进身体的健康。通过参与各种体育活动与游戏,可令人在轻松的体育活动环境和氛围中获得身体的良好发展。身体娱乐更强调身心的健康、和谐发展。

在全面建设小康社会的今天,我国重视民生发展、重视社会大众生活质量和幸福感的提高,在这样的社会背景下,更充分认识和利用体育的娱乐作用,身体娱乐对于促进身体健康具有良好的锻炼效果,并强调以创新来达到身心健康的目的,以扩大体育运动在人们日常生活中的影响力,让体育运动扎根于人们的日常生活中,使人们在闲余时候积极参与体育运动,推动全民健身运动发展,让体育运动成为人们休闲娱乐必不可少的内容,从而促进国民体质和健康水平的提高。

现代社会,人们可以接触的娱乐内容与形式丰富多样,不同的娱乐都能使参与者的身心获得快感。在众多娱乐方式中,运动娱乐是一种健康、简单易操作的娱乐方式,现代各种体育运动项目内容丰富、形式多样,更为身体娱乐提供了丰富的选择,通过运动参与,可以有效增强体质、提高身体素质、完善体型体态,促进身体的健康发展,并在运动中获得运动快乐体验。

（二）心理娱乐

心理娱乐可以给人们带来愉快的情绪体验。而良好的心理状态,是促进身体健康的基本条件。

快乐是幸福不可缺少的要素,快乐是个体获得幸福感的重要基础,在西方发达国家,人们对娱乐休闲的认知是多方面的,如"娱乐"(recreation)、"休闲"(leisure)、"休闲娱乐"(leisure entertainment)等,休闲的主要目标就是"娱乐"。体育运动可以通过休闲展现其审美价值,增加竞技趣味,有效满足人们休闲娱乐的需要。

娱乐促进健康,这种健康不仅包括身体健康,更包括心理健康。心理学研究表明,体育运动参与在于,机体在参与体育运动过程中,可促进机体的激素分泌水平的变化,可促使脑部分泌内啡肽,内啡肽是一种像吗啡的化学物质,通过一段时间的运动参与,可令运动者获得一种"天然的舒畅感",这就是内啡肽影响下的机体快乐的获得过程。此外,参与运动过程中,运动对机体内环境的改变的表现之一还在于,运动可以改变人类脑部化学结构,对治愈忧郁症具有明显的效果。经常参与有氧运动,可以促进人体血清素的升高,令人感到身心康泰,充满满足的愉悦感。

(三)文化娱乐

娱乐的内容和形式随着现代社会的发展而不断得到丰富,文化娱乐是一种特殊的娱乐形式,其通过影响个体和整个社会的思想意识形成来促进个体和社会的发展进步。

就我国而言,随着我国社会经济的不断发展,国家创造经济财富的能力日益增强,人们的生活水平不断提高,整个国家呈现出繁荣昌盛的景象。

新时期,要继续促进和实现我国的国富民强,就必须重视整个国家的发展管理与调控,不仅需要经济手段、行政手段、法律手段等,更需要文化引导的作用和人文关怀的力量来推动社会的进步。以前,人们对社会生活的理解存在很大的片面性,认为社会生活就是生产劳动,社会关系只是生产关系,从而忽略了休闲娱乐,人的劳动以及由劳动而形成的社会生产关系,其最终目的是更好地生活,休闲娱乐是人类社会健康发展的必需环节。现阶段,我国人们精神文化需求日益增长,为了丰富人们的文化生活,提高人们的幸福指数,我国政府在遵循科学的劳动方式的基础上,制定了每周5天工作和3个长假期制度。人们闲暇时间的合理与否,是整个社会经济发达与否的标志之一。在我国各方面不断努力下,休闲娱乐观念深入人心,大众休闲文化获得了进一步的快速发展。

当代中国,强调"树立文化自信,建设文化强国",早在十九大报告中习近平主席就以"坚定文化自信,推动社会主义文化繁荣兴盛"为题进行了专节论述,文化自信是实现中华民族伟大复兴中国梦的一个重要环节,现阶段,人们的物质文化生活水平都得到了很大的提高和改善,人们的精神文化需求在不断增长,应看到历史发展的总趋势,文化发展是整个国家与民族发展的重要基础。

当前我国社会已经逐渐进入休闲社会,休闲体育文化在社会大众间的广泛发展,在一定程度上标志着我国的社会、经济、文化发展水平,我们在提倡休闲生活时,必须要充分发挥体育娱乐的作用,以提高人们的身心健康水平和幸福感,休闲体育可以通过休闲展现其审美价值,可以有效地满足人们休闲娱乐的需要,丰富人民群众的业余精神文化生活。

二、娱乐与体育

(一)身体运动的娱乐原欲

在原始社会,人类在阳光下追逐,在风雨中打闹,以此来获得强烈的快感。这种本能的嬉戏与人的运动系统和生命活动的内在功利目的相符,并不存在外在的功利目的。换句话说,这样的活动满足了动物本身的活动欲望,被称之为"娱乐原欲"。

早期的人类身体运动的娱乐原欲主要表现在以下几个方面。

1. 非功利性的身体活动

人体的喜悦往往通过肢体来表现,可以说,人类的生理和心理需求得到满足后,就会自然表现出肢体活动(如开心的笑、手舞足蹈,难过的哭、捶胸顿足),人内心的"娱乐原欲"就通过身体活动表现出来。

原始社会的人体"娱乐原欲"是单一和纯粹的,原始人类的身体练习只是满足和享受这些活动所带来的快乐和愉悦,他们或手舞足蹈、或欣喜若狂,这都是一种由人的身心需要所引发的活动,它对于维持生命所必需的活动过程并没有直接的帮助,并不直接服务于生存的需要,也不追求直接的功利目的。

2. 浅显的娱乐文化表达

原始社会人类的娱乐,是一种更接近于自然生存生活状态的娱乐,并不掺杂复杂的社会文化内涵与内容。

在人类的始发阶段,原始娱乐文化形态大体上属于自然娱乐形态,属于人类社会低级的社会文化,这一时期的娱乐文化还不能成为一种独立的文化形态,而仅仅是一种人类初期智能和体能开发的表现形态。

原始宗教是人类最早的、最主要的意识形态,是原始人类思维方式的自然化形式。其中,巫术和图腾是原始宗教最主要的内容。巫术是人们想靠神秘的力量来占有渔猎对象而施行的身体活动;图腾是和部落有神秘血缘关系的某种动植物的精神寄托,是一种对自然的敬畏和感恩。原始人类在对自然认知有限的情况下,通过特殊的身体活动、精神寄托来渴望寻求并不存在的神灵的庇佑,以能获得充裕的生产生活资料,同时,表现对失去的亲人的追思与崇敬。原始宗教中复杂的娱神、慰神仪式就是人类早期精神娱乐的主要内容,人们通过这些身体活动的表现来实现心灵的某种寄托。

3. 集体化的娱乐形式

原始社会的身体娱乐活动是以集体的形式开展的,它具有非常大的规模,既是劳动训练,又是军事演习和宗教仪式,这种集体化的身体活动在社会生活中扮演着十分重要的角色,能显著提高部落和民族之间的凝聚力,是一种相互认同和增进情感的"集体狂欢",同时也具有重要的社会文化意义。

(二)娱乐是体育的基础

运动实践表明,人们在运动中能体验到快乐和乐趣,兴趣是引导个人体育行为的一个非常重要的要素,兴趣本身就是一种娱乐需要。

个体参与身体娱乐活动,目的多是个人健康,并能在客观上实现群体健康和促进全人类的健康。

休闲体育是一种更容易使运动者获得运动快感的运动实践,它改变了以前乏味、枯燥的传统身体锻炼方法,提倡主动性亲身参与,通过丰富多彩的休闲体育内容和轻松愉快的运动环境,来调节情绪,获得身心快乐。

新时期,体育娱乐观念已经深入人心,发达国家大多数成功的体育组织都将自己看作是娱乐的提供者,它们将注意的焦点放在体育表演、赛事的内容以及与表演、赛事有关的运动场地的吸引力上,而观众也将观看体育表演、比赛视为一种休闲娱乐。随着人们对身体娱乐价值认识的加深,娱乐促进健康的作用,将会得到社会大众更加广泛的认同,我国的休闲体育娱乐内容体系也在不断丰富,更多的体育娱乐活动为吸引运动者积极参与体育活动奠定了良好的动机、活动基础。

三、休闲体育娱乐价值的实现

休闲体育具有娱乐特性和娱乐价值,是新时期社会大众健康娱乐生活与方式的重要选择,并能切实促进个体、群体和社会健康发展。

(一)重视政策引导

休闲社会,为了更好地发挥休闲体育的娱乐价值,就必须鼓励更多的人参与到休闲体育中来,才能真正体验休闲体育所带来的运动快乐。作为在休闲社会中发挥重要和宏观影响作用的政府,应做好以下工作。

(1)政府应合理规划和布局体育运动硬件设施,为群众的休闲体育活动参与奠定物质基础。

(2)政府应加强大众休闲体育活动参与宣传,营造良好的休闲体育社会文化氛围。

(3)政府应引导和监督大众传媒加大休闲体育宣传,提高社会大众积极参与休闲体育的意识。

(4)政府应加强对不同地区休闲体育发展的调控,鼓励不同地区建立特色休闲体育文化。

(5)政府规范休闲体育的发展市场,切实维护休闲体育活动参与者的基本权益。

(二)扩大社会宣传

信息时代,推广休闲体育,吸引更多的人参与休闲体育、体验休闲体育乐趣,应充分发挥社会媒体的宣传作用,做好以下工作。

(1)依托传统媒体的重要影响,增加休闲体育类电视广播节目的播出频率。

(2)鼓励网络自媒体对休闲体育的宣传和休闲体育相关节目制作。

(3)加强官方和媒体平台的合作,制作公益短片宣传休闲体育娱乐价值,加深人们对休闲体育的娱乐认知。

(4)加强传统媒体与新媒体的积极合作,有效推广休闲体育赛事和文化活动,使休闲体育始终在大众生活中保持热度,使关注和参与休闲体育成为一种时尚。

(三)加强娱乐教育

1. 学校休闲体育娱乐教育

社会大众休闲体育的发展与学校体育教育具有非常密切的关系,通过加强学生的娱乐教育,可以间接促进社会大众娱乐休闲意识的提高。

(1)设置休闲体育教育课程,使学生掌握休闲体育的基本知识与技能。

(2)增加学生专门的娱乐教育的内容。通过让学生广泛尝试,提高学生休闲体育参与的积极性。

(3)加强休闲体育安全教育,确保学生休闲体育参与的运动安全。

2. 大众休闲体育娱乐教育

(1)通过各种途径加强大众休闲体育教育宣传。

(2)建立和完善大众休闲体育服务体系,依靠社区、俱乐部广泛开展丰富多彩的休闲体育活动。

(3)规范营利性健身俱乐部休闲体育活动的开展。

第四节 休闲体育的健康论

一、传统健康

(一)我国传统健康养生

我国传统体育重视养生,通过养生功法运动参与追求健康长寿。我国传统健康养生观是建立在朴素的养生哲学认知基础之上的。

我国传统健康养生哲学思想以"天人合一""顺应自然""阴

阳""五行"等学说为基础,强调了人体运动健身的规律、原则与要求。医学经典《素问生气通天论》强调自然与人之间存在着有机联系,认为:"夫自古通天者,生之本,本于阴阳。……其气九州、九窍、五脏、十二节,皆通乎天气。"表明人与自然界的统一,人与自然应遵循统一的规律。《内经灵枢》中叙述:"故智者之养生也,必顺四时而适寒暑,和喜怒而安居处,节阴阳而调刚柔。如是,则辟邪不至,长生久视。"意思是人要实现健康长寿,就要阴阳之气平衡,顺应自然寒暑,饮食起居有规律,心态平和。

我国传统养生哲学思想指导下的传统养生导引术,更是依据阴阳相合,顺应自然而进行功法选择与修炼。吐纳导引、肢体运动,都强调了顺应四时,不能违背自然,并应注重修身养性,重视良好心性、品质、道德的培养。

顺应自然规律,追求生命与自然的和谐,达到人与自我、人与自然的同生存、共发展是我国传统健康养生的核心观点。

(二)国外传统健康认知

健康一直是人类共同追求的目标,人们对健康的认知是随着人类社会文明的不断发展而逐渐深入的。

人类历史在不同的历史发展阶段,人类对健康的认识和要求不同,传统健康观认为,健康就是机体健康。在机体健康单一维度认知的基础上,健康的概念也经历了"神灵医学模式""自然医学模式""生物医学模式"的演变。

传统健康是单一维度的健康,是生理健康。

二、现代健康

(一)现代健康新概念

现代健康观对健康的认知更加全面,认为健康是一个综合概念,人的健康由一维的生理健康向多维健康认知转变。

1946年,世界卫生组织将健康定义为:"健康是指身体上、心

第二章 休闲体育多元价值论

理上和社会适应等方面完美的状态,而不仅仅是没有疾病和虚弱。"

1984年,世界卫生组织提出健康新概念:"健康不仅仅是没有疾病和不虚弱,而且是躯体上、心理上和社会适应能力上三方面的完美状态。"

此外,在原有健康概念和内涵认知的基础上,世界卫生组织分别又在1990年、2000年提出了多维健康中应增加道德健康和生殖健康的内容。

现代健康,是一种多维健康,是包括了身体健康、心理健康、社会健康、道德健康、生殖健康五个方面内容的健康。

身体健康——身体健康是指人的身体生长发育正常,能够抵抗一般性感冒和传染性疾病,有着良好生活习惯和生活节奏,具有良好的体能,能够满足日常生活的需要和完成各项任务活动。

心理健康——心理健康有狭义和广义之分,狭义的心理健康指的是心里没有出现各种心理障碍及问题;广义的心理健康包括狭义心理健康,还包括心理调控能力、心理发展能力等内容。

社会健康——社会健康,即社会适应性,具体指个体与他人、个人与社会环境之间的相互作用,并具有良好的人际关系和实现社会角色的能力。肖丽琴认为社会健康包括学习能力、独立能力、人际关系、自我归属、耐挫力、道德规范、心理压力、合作竞争八个维度(《体育运动与大学社会适应能力的关系研究》,2007)。社会健康是个体更好地适应社会环境、促进自我社会角色的完成和社会价值实现的重要基础。

道德健康——道德健康是指个人的思想品德和人格自我完善,具体是指个人对是非善恶美丑的正确判断和自我思想和行为规范。个人的社会生存生活应不以损害他人、集体或国家的利益为基础,个人思想与行为应符合社会道德规范要求。

生殖健康——生殖健康是指生殖系统及其他功能在整个生殖过程中的体质、精神和社会适应性等方面的良好状态。具体包括生育调节、母婴安全健康、生殖系统疾病预防、性保健及性病防治等方面内容。

现代健康新概念是全面、广泛与多元的,一个人的上述健康中的各个方面都应是健康的才能称之为真正的健康,任何一个层面的健康出现了问题,都不能称之为一个健康的人。

(二)现代健康新标准

1. 世界卫生组织的健康新标准

随着社会大众对健康的重视,为了帮助社会大众更明确地进行健康的自我判断,世界卫生组织提出了衡量人体健康的10条标准,具体如下。

(1)精力充沛,能从容应付日常生活和工作。
(2)处事乐观,态度积极,乐于承担责任。
(3)善于休息,睡眠质量好。
(4)应变能力强,能适应各种环境。
(5)对一般传染性疾病具有抵抗力。
(6)体型匀称,体重适当,身体比例协调。
(7)眼睛明亮,思维敏捷。
(8)牙齿清洁,无病痛。
(9)头发光泽,无头屑。
(10)走路轻松,肌肉、皮肤富有弹性。

2. 国内外学者的健康标准

关于健康,国内外学者开展的相关研究非常多,不同的学者从不同学术理论和角度出发,对健康提出了自我认识,并指出了个体健康应表现出来的状态与呈现标准。

身体健康方面,国内外学者普遍认为身体的健康是没有疾病,身体没有任何不适状态。心理健康方面,国内外的心理健康标准认知的归纳对比如表2-2所示。

表 2-2　国内外学者的心理健康标准解析①

	学者	标准
国外学者	马斯洛 米特尔曼	(1)自立,有安全感。 (2)了解自己,自我评价客观。 (3)客观,理想和目标符合实际。 (4)宽容,适应力好,同周围环境关系良好。 (5)人格完整、和谐。 (6)热爱工作,善于学习。 (7)人际关系良好。 (8)适度发泄情绪和控制情绪。 (9)遵守集体要求,有限度地发挥个性。 (10)遵守社会规范,恰当地追求个人需求。
	坎布斯	(1)积极的自我概念。 (2)恰当地认同他人。 (3)面对和接受现实。 (4)主观经验丰富,可供取用。
	奥尔波特	(1)自我意识广延。 (2)良好的人际关系。 (3)情绪上的安全性。 (4)知觉客观。 (5)具有各种技能,并专注于工作。 (6)现实的自我形象。 (7)内在统一的人生观。
国内学者	蔡焯基	(1)情绪稳定,有安全感。 (2)认识自我,接纳自我。 (3)自我学习,独立生活。 (4)人际关系和谐良好。 (5)角色功能协调统一。 (6)适应环境,应对挫折。

---

① 高书杰,齐力.大学生心理健康教育[M].北京:中国农业出版社,2011.

续表

	学者	标准
国内学者	王效道	(1)智力水平正常。 (2)心理行为特点与生理年龄相符。 (3)情绪稳定,积极与情境适应。 (4)心理与行为协调一致。 (5)社会适应,人际关系的心理适应协调。 (6)行为反应适度,不过敏,不迟钝。 (7)不背离社会规范,能实现个人动机、需要。 (8)自我要求与自我实际相符。

3. 日常健康标准

在日常生活中,随着人们对健康认知的不断深入,有人总结了个体身心健康的评判标准,一般认为,一个身心健康的人应符合表2-3标准。

表2-3 通俗化的身心健康评判标准

	标准	表现
生理健康标准"五快"	快食	胃口好,吃饭块,不挑食。表明内脏功能正常
	快语	说话流利,表达清晰、准确。表明思维敏捷,心肺功能正常
	快走	行动自如,步伐矫健。表明身体精力充沛
	快便	大小便通畅,无痛感,便后舒适。说明肠胃功能良好
	快眠	入睡快,睡眠质量高,醒后精神状况良好。说明神经中枢系统功能协调,内脏无病痛
心理的健康标准"三良好"	个性良好	心地善良,乐观、谦和、正直,情绪稳定
	处事能力良好	沉浮自如,客观公正,自控能力好、适应能力好
	人际关系良好	待人接物宽和,助人为乐,与人为善

对于个体来说,由于在现代快节奏、高竞争的社会生活中可能面临着各种压力,身心超龄负荷的情况时有发生,因此,在日常

生活中更应关注个人的健康状况,可结合上述健康标准进行自我测评,如果出现健康问题和身心不适,应及时调整身心状态。

(三)亚健康

亚健康(Subhealthy)是在医学界首先提出来的一种与健康有关的新的健康概念,是一个富有哲理的医学新名词。亚健康状态通常是指人们处于健康与疾病之间的健康低质量状态及其体验。

简单来理解,亚健康就是一种非健康的状态,是一种介于健康与疾病之间的一种动态变化着的中间状态。

个体如果处于亚健康状态,在医学上是检查不出任何生理性病变的,但是,处于亚健康状态的个体确实会有患慢性病的感受和表现,如情绪不稳、心情烦躁、忧虑、焦虑、精神不振、记忆力减退、反应迟钝、注意力不集中等。

现代社会,受多种因素的影响,处于亚健康的人群越来越多,一般认为,个人的亚健康状态与以下因素有关。

不良生活习惯——现代人的不良生活方式是导致亚健康的"帮凶",常见的不良的生活方式有吸烟、过度饮酒、熬夜、暴饮暴食、过度节食、运动不足、睡眠不足等。

滥用药品——很多人压力多,或者由于疾病预防的需要,会服用药物,还有一些人会在不遵医嘱的情况下服用各种保健品,各种不合理用药可破坏机体的免疫系统、损害健康。

不良膳食——"快餐"、高热量、有添加的食物的摄入,可导致机体营养结构失衡,很容易造成机体的代谢功能,可导致营养素的失衡或过剩。

心理失衡——激烈的社会竞争、复杂的人际关系,可使人心神不宁、思虑过度、容易焦虑,长期如此可使个体的心理处于失调状态。

生活环境较差——现代社会的很多城市居住环境差,各种环境问题,如雾霾、汽车尾气、柳絮纷飞、楼房的狭小居住空间等,都可能导致个体的身体不良反应。

锻炼无规律——锻炼身体就一定能增进身心健康,这显然是一种错误的运动观念,只有科学的体育健身锻炼才有助于促进身心健康,而低负荷运动、超负荷运动、"三天打鱼,两天晒网",都会损坏人体健康。

三、健康的影响因素

个人的健康受多方面因素的影响,主要有以下几种。

(一)遗传因素

遗传是影响人体健康的先天因素,是通过自然生殖方式,将遗传物质传给下一代的一种生物现象。遗传是决定或限制健康表现的直接原因。

从遗传学的角度分析来看,遗传因素直接影响个人的体质健康水平。生物学家认为,身体机能之中有60%~70%是由遗传因素决定的,个体的身体健康状况与父母在备孕、受孕、怀孕、生产过程中的健康状况密切相关。

目前,全世界范围内已经发现的遗传病达到5 000多种。幸运的是,随着现代科技的不断发展,有很多遗传疾病能被提早发现、治愈,能实现优生优育。

(二)营养因素

营养与个体的健康有着密切的关系,合理的营养是促进个体正常生长发育的基础,是增进健康、防治疾病的有效手段,是保证机体健康的重要因素。

1. 错误营养观念

现代人对营养的认知直接关系到个体的营养摄入,不健康的营养认知会导致个体的不合理营养摄入,进而可引发各种疾病。

不同性别年龄的人关注的身体健康内容和膳食习惯不同,对营养的认知可能出现各种偏差。

一些女性热衷于节食减肥,往往导致营养摄入不足或不全面,导致各种营养缺乏病。

一些青少年热衷于快餐消费,往往导致营养摄入量过多或失调,又会导致肥胖症、糖尿病、心血管疾病等的发生。

2. 健康营养摄入

就个人的健康成长而言,科学饮食,合理摄取营养应注意以下几点。

(1)摄入的热量应能维持正常的生理功能。

(2)摄入食物中的营养素比例合理。一般的,人均蛋白质、脂肪、糖类(碳水化合物)三大营养素摄入的适合比例为 3∶4∶13。

(3)膳食中各种微量元素应分量足够,比例合理。

(4)地方性营养病高发地区,应在饮食中增加专门的营养素摄入。如"大脖子"病高发地区,应增加碘的摄入。

(三)环境因素

1. 自然环境

自然环境是由大气、水、土地、矿藏、森林、野生动物、人类遗迹等共同构成的。自然环境是人类赖以存在和发展的物质基础。个人和社会健康与自然环境的良性发展息息相关。

人类的健康与环境质量密切相关。生态平衡,对人体健康有着很好的促进作用。如果一些地区的土壤或水中存在过多或缺少某种元素,可导致生活在该地区的人们体内某种微量元素过多或过少,造成地方病,如大脖子病(地方性碘缺乏疾病)。再有就是当前环境污染所造成的各种疾病的多发,如雾霾天气可导致免疫力低者的呼吸系统疾病的高发。

在任何时期,任何一个国家、地区和民族,拥有一个清新、健康的自然环境,是保证人们拥有健康身体的重要前提。当今,人们逐渐意识到环保的重要性,为了自身的健康、可持续发展和整个人类的可持续发展,保护环境非常重要,保护人们所生存的自然环境,是促进人与自然和谐发展、增进人的身心健康发展的重要基础。

2. 家庭环境

家庭环境对个人的健康有重要的影响作用,具体分析如下。

(1)家庭健康观念

家庭体育观念对儿童青少年参与体育行为、提高体质健康水平有重要的、直接的影响。尤其是父母的体育价值观念对青少年参加体能锻炼促进体质健康的影响非常大。

现实生活中,很多家长在教育孩子方面都存在焦虑的心理,这些家长往往更重视孩子的智育,而忽视体育,各种学习辅导班中,体育活动内容的比例非常少。加之体能锻炼本身潜藏着一定的危险性,怕孩子受到意外的伤害,因此限制孩子从事各种体育活动,这就导致了青少年体能健康状况的不佳。

此外,目前很多青少年的家长将他们对孩子教育的关心与照顾局限于生活与物质方面,忽视了青少年意志品质培养,从而造成了青少年群体缺乏刻苦锻炼的意志,怕苦怕累的思想非常普遍,很多青少年都是在娇生惯养的环境中成长起来的,他们表现出怕苦怕累、体能低下、抵抗力低等不良健康状态。

(2)家庭行为习惯

在家庭中,家庭成员的一些健康的、不良行为习惯,都会影响其他家庭成员的身体和心理健康。

积极影响方面,如父母都爱好体育运动,并经常在工作之余、周末参加文体活动,则该家庭中的儿女也会养成良好的体育运动锻炼习惯。

消极影响方面,如吸烟的不良行为,可导致其他家庭成员吸二手烟,这比直接的吸烟行为对身体的损害更大。

(3)家庭关系

家庭和谐的环境和氛围对家庭成员,尤其是儿童少年心理健康发育有极大影响。尤其是父母的日常行为、习惯、作风以及父母之间的相处模式与关系直接影响孩子的为人处事态度、个性塑造、气质等，会直接影响其心理健康。

一般来说，父母关系和睦，则子女的性格往往是积极乐观的、阳光向上的；如果父母关系紧张，则子女往往没有安全感，内向、易怒。

家庭关系不仅限于父母和子女之间，也包括夫妻、婆媳、姑嫂等关系，和睦的家庭中，家庭成员的心情往往是愉快的，不和睦的家庭中，家庭成员患神经衰弱、抑郁症的概率会大大增高。

3. 社会文化环境

社会文化关系到整个社会的健康认知、健康氛围，与整个社会健康意识的形成和大众健康生活方式养成具有非常密切的关系。

(1) 社会文化制度

以我国青少年学生的心理健康现状与发展为例，社会文化环境对国民体质健康具有重要的影响作用。长期以来，在我国应试教育制度下，大部分的青少年学生为了应对文化课的考试，必须把大部分的精力投入到文化课的学习中，忽视体能锻炼，甚至在关键时期（初三、高三）被迫中止体育课的现象屡见不鲜。事实上，大多数的青少年学生非常了解体能锻炼对于体质健康的重要意义，但是在应试教育制度下，为了"考一个好大学"，很多青少年学生一心扑在文化学习上，每日从事超负荷的学习，严重的睡眠不足、视力下降等问题在青少年学生群体中表现明显。

(2) 社会文化心理

一个政治稳定的社会，其国民的生活幸福指数是较高的，反之则会影响民族不健康心理。社会心理影响人体生理和心理健康。人体自身的最有助于健康的因素是良好的情绪，持久强烈的"紧张因素"的刺激可使个体失去心理生理平衡，诱发各种疾病，例如长期处于政治不稳定社会状态下的居民的心理通常是不健康的。

现代社会,全世界范围内,仍然有很多不安定的社会因素影响着大众健康,如战争、暴乱、性别歧视等,导致的难民数量不断增长、女性出行不安全、女性就业歧视等,都可导致个体的身心存在不健康的征象。

(3)社会道德

社会道德对健康有重要影响。分析来看,一个国家和一个民族的健康水平与素质高低、社会道德密切相关。例如,随地吐痰必可导致结核病高发。

(4)社会风气

现代社会,随着互联网的不断发展,我国互联网用户青少年群体所占的比例逐年增加。网络文化的兴起让如今的青少年将室外的健身活动转入到室内,手眼能力得以提高,而身体腿脚的能力却逐渐退化,体能效果越来越差,体质健康状况不断恶化。可见,社会风气对社会成员健康观念、健康意识、健康行为的影响的重要性。

(四)运动行为

有民间谚语称,"运动运动,百病难碰",体育运动对人类健康的作用和影响不言而喻。

运动实践表明,运动使人快乐,运动使人健康,这充分说明了运动在促进个人身体和心理健康方面的重要作用。同时,运动中丰富的情感体验及人际交往,可以有效促进运动者的健康心理、社会性的健康发展。

需要特别提出的是,运动对健康的促进必须建立在科学参与运动锻炼的基础之上。要想通过体育锻炼获得理想的健身效果,必须注意锻炼的科学性。

不科学的运动行为可对运动者的健康造成损害。例如,运动量过小,体内的各组织器官得不到应有的刺激,达不到强身健体的目的;运动量过大,身体可能因承受过重的负荷而受到伤害。科学运动是促进个体健康的基础。

(五)生活方式

良好的生活方式是使人体健康和延年益寿的保证;不良的生活方式可能会导致各种疾病的发生,对个人健康不利。

现代社会中,有很多不健康的生活方式侵害人体健康,具体如下。

(1)智能化机器生产、乘坐电梯、交通工具代步,体力劳动的减少,运动不足。

(2)吃快餐,营养不合理,暴饮暴食导致肥胖。

(3)追求瘦身,过度减肥节食。

(4)长时间打电动游戏、追剧。

(5)熬夜、抽烟、酗酒,甚至吸毒。

(六)医疗卫生

1. 医疗卫生资源

医疗卫生条件是实现和促进健康的重要基础条件,在日常生活中,个体在考虑其健康问题并做出行为选择时,都可能受到卫生资源的制约。举例如下。

(1)贫困边远地区缺医少药,免疫工作不到位。

(2)卫生医疗机构不健全,健康宣传不够。

(3)医药资源短缺,无法及时有效救助。

(4)医德风尚不良,错诊、误诊、漏诊。

2. 卫生保健服务

卫生保健包括预防服务、治疗服务、康复服务等几个方面,卫生保健服务质量优劣,与个人和社会健康都有着至关重要的关系。

现代社会,各种文明病高发,生态环境的恶化也导致多种新的疾病的发生率大大提高,因此,对医疗卫生资源的合理利用,不断提高医疗卫生服务的质量,是保障人类健康的重要因素。

(七)心理因素

人们对健康的重视程度与社会文明的发展程度是成正比的。随着人们生活质量的提高,对健康的追求也越来越迫切,心理活动对人体健康的影响也逐渐引起人们的重视。

健康人群,不良的情绪、情感会影响个体的健康发展。从影响个体体质健康的自身因素看,影响个人健康的因素的重要性排序依次为:"压力大"、运动锻炼不够、睡眠不足、营养不均衡、生活习惯、遗传因素。

患病人群,消极的心理因素可导致病情加重,积极的心理可鼓励并帮助病患走向健康,具体表现在,一方面,积极健康地对抗疾病的心理可以打消病患者在疾病治疗中的顾虑,树立与疾病作斗争的坚强信念;另一方面,病患者坚持心理疗法可以治疗由心理因素、情绪因素引起的疾病,即消除患者的消极心理因素,促进身心的积极健康恢复。

四、健康与休闲体育

(一)健康生活需要休闲体育

1. 科学利用休闲时间

在以前,由于社会生产力相对较低,人们几乎所有的工作都需要体力,因此,身体运动并不是闲暇时间的主要活动内容。

随着社会经济的快速发展,闲暇时间越来越多,这并没有使人们增加身体活动量。特别是那些需要较长时段的活动、需要特殊时段的(白天)活动或是需要特殊季节条件的(冬季)活动,比起那些费时不多、在任何时间里都可进行的活动而言,其参与频率要少得多。

休闲体育活动的适应性广泛、灵活性高,因此在活动参与方面具有很大的优势,吸引了人们在闲余时间多选择参与休闲体育活动,能在轻松愉快的活动过程中打发时间,同时又可进一步促进身心健康。

2. 有效消除文明病

"文明病"是人类社会文明发展到一定阶段的产物,是社会发展带给人的对健康发展不利的影响结果。

在社会生产力相对较低的时代,人们几乎所有的工作都需要体力,因此,身体运动并不是闲暇时间的主要活动内容。现代社会,智能化科技发展迅速,人们从机械的体力劳动中解放出来,体力消耗越来越少,导致了很多病症的出现,如"文明病"等。

与传统疾病相比,"文明病"的发生的原因特殊而复杂。这使得现代医学对文明病的治疗力不从心,具有一定的局限性。

在疾病预防和治疗方面,体育和医学具有明显的不同。相对于体育来说,医学治疗具有滞后性,尽管现代医学提出了预防医学的概念,也很难改变疾病治疗相对于疾病产生的滞后性局面;医学的普遍适应性也不如体育,如过敏体质的人很多,但绝对没有能力参加任何体育运动的人很少。经常参与休闲体育锻炼,可有效抑制大多数社会"文明病"的发生。

(二)休闲体育能增进健康

1. 休闲体育对个人健康的增进

休闲体育活动参与能有效增加个人的身心健康与社会性良好发展,正如前文多次提到的,随着人们物质生活水平的不断改善和提高,一些"富贵病"也随之而来,"文明病"多发,对人类的健康造成了极大的危害,而这种"文明病"仅仅依靠医疗手段并不能完全解决,需要依赖体育。

参与休闲体育活动,能有效提高体质水平、愉悦身心,养成良好的生活习惯和生活方式,有效应对"文明病",提高个人体质健康水平,增强个人身体素质,促进个人良好心态的形成,并培养个体的良好意志品质,有效促进个体的交际与社会活动的参与、适应、沟通、组织、领导等各种能力的发展。

2. 休闲体育对社会健康的增进

个人是社会的成员,社会的健康需要依赖社会中每一个成员的健康发展,个体健康与社会健康有着密不可分的联系,换句话说,没有每一个个体的健康,就没有整个群体和五种健康。

体育是促进人体健康发展的主要手段,休闲体育倡导大众积极参与到休闲体育活动中来,通过切实的身体活动体验,来满足人们对健康的需要,而社会的发展又为体育提供了促进个体健康的新目标——促进人类每一个个体的健康,进而实现整个社会成员的整体健康水平的提高,并切实促进人与社会的健康相互促进与发展。

第五节 休闲体育的教育论

一、休闲体育教育思想

(一)国外休闲体育教育思想

1. 古希腊休闲体育教育思想

古希腊人是非常重视体育参与的,他们认为:"自由人如果不想使自己的生活沦为灾难,就一定要接受休闲人生的教育。"进行休闲教育是人生幸福的保障和前提。

古希腊哲学家、教育家亚里士多德认为,"教育的目的不是为了谋职或挣钱"而是"使得人们做出理性的行为,并通过精神洞见使人的行动升华,从而让他们成为自由的人。"亚里士多德指出,只有为休闲而进行的教育才是崇高的,休闲教育是实现教育目的的重要途径之一。

2. 西方休闲体育教育思想

苏联著名教育家苏霍姆林斯基是休闲教育的践行者,苏霍姆林斯基认为"只有当孩子每天按自己的愿望随意使用5~7小时的空余时间,才有可能培养出聪明的、全面发展的人。"在这种教育思想的指导下,帕夫雷什中学作为实行休闲教育的典范,被认为是当时教学质量高的学校。

法国著名的思想家让·雅克·卢梭认为,人在自然条件下,一定是身体和心灵结合发展,绝不会只求心智发展,而使身体虚弱。卢梭非常重视儿童的体育教育,注重应通过跳跃、舞蹈、登山、游泳、竞走、打猎等运动来充实儿童青少年的生活。

美国哲学家、教育家约翰·杜威认为:"教育史上出现的根深蒂固的对立,也许就是为用劳动做准备的教育和为闲暇生活做准备的教育",过多偏向哪一边都是不对的。他主张"以效率和爱好为目的的教育,应该培养情感和智力的习惯,促进崇高的闲暇生活"。

伟大的思想家马克思认为,人的发展,仅有外部社会条件还不够,必须具备休闲生活的素质和能力,而这些素质与能力通过休闲教育来实现。

综上所述,西方的休闲体育教育思想都充分表明了,休闲体育教育是必要的,是促进人的健康、良性发展的重要和有效手段。

(二)我国休闲体育教育思想

我国休闲体育教育思想,最终可追溯到春秋战国时期,《论语》中有"子曰:'志于道,据于德,依于仁,游于艺'"的描述,指明了人的志向在"道"上,执守在"德"上,依据在"仁"上,游娱在

"艺"上;《孟子》中的"设为庠、序、学、校以教之",此"庠"即养、养老、休养之场所。在我国第一篇教育专著《学记》中指出:"时教必有正业,退息必有居学";休闲教育可促进个体良好德行的发展。

北宋教育家胡瑗是休闲教育思想的重要践行者,他除了重视书本教育外,还组织学生到野外游历名山大川,并把这种游学活动列入教程,充分做到了休闲体育教育理论与实践的有机统一,与现在的素质教育非常相似。

明代教育家王守仁认为,"大抵童子之情,乐嬉游而惮拘检,如草木之始萌芽,舒畅之则条达,摧挠之则衰萎。今教童子,必使之趋向鼓舞,中心喜悦,则其进自不能已。"游戏娱乐能使孩子身心愉悦,使儿童"趋向鼓舞"和"中心喜悦"的积极教育是可以满足儿童少年健康生长发展的有效教育手段。

明末清初教育家颜元直接指出休闲教育的意义:"孔门习行礼、乐、射、御之学,健人筋骨,和人血气,调人性情,长人仁义。"他主张"习动",反对"主静"。提倡在教学过程中"常动则筋骨竦,气脉舒",强调学生应注重强身健体、道德品行修养。

近现代先进教育家、思想家蔡元培、陶行知等也都非常重视体育教育。如蔡元培先生的崇尚自然、发展个性、培养健全人格的新教育主张;陶行知先生"生活即教育""教学做合一"的思想,都体现了立足生活、完善人格的体育教育理念。

当代学者于光远先生在我国最早开始针对现代休闲进行学术研究,并提出了"玩学"说。他认为:"玩是人生的根本需要之一,要玩得有文化,要有玩的文化,要研究玩的学术,要掌握玩的技术,要发展玩的艺术。"他的这些休闲思想引起了广泛的休闲体育教育思考。

纵观我国休闲体育思想的发展,虽然对休闲体育教育的认识较早,但始终未形成理论体系,现阶段,我国的休闲体育理论研究仍需要不断完善。

第二章　休闲体育多元价值论

二、休闲体育教育内容

（一）树立健康休闲观

面向社会大众的休闲体育教育，应通过各种传播途径，最大限度地实现休闲体育知识和技能的传授，发展社会大众对休闲体育运动项目的志趣和爱好，培养社会大众的休闲体育意识，帮助社会大众树立健康的休闲体育价值观和休闲体育态度，使社会大众做出有价值的、明智的、自主的休闲体育选择，强化大众休闲观念，落实大众休闲行为。

（二）培养良好休闲行为

休闲体育教育需要各方面的正确引导，重点应关注以下工作。

首先，培养个体对休闲体育活动的良好兴趣，树立健康休闲观。

其次，通过技能的学习，使个体掌握一定的休闲技能，形成正确、有效的休闲体育方式，提高正确的休闲体育参与方法与技能。

最后，引导个体正确评价自己的休闲体育行为，从自己的兴趣、期望和特长出发选择休闲内容，并养成良好的休闲体育习惯，促进终身休闲体育参与。

（三）养成良好生活习惯

休闲体育教育的目标就在于提高运动者的上述能力，使运动者能享受更高质量的生活。通过休闲体育教育，应引导个体摒弃落后、愚昧、腐朽的不良休闲方式，养成有益身心健康的良好生活习惯。

三、休闲体育教育在现代生活中的应用

（一）促进少儿健康成长

休闲体育娱乐教育在社会文化再生产中占据着重要的角色，

对青少年学生的身心发展具有重要作用,具体表现如下。

(1)缓解青少年学习的过度紧张情绪。

(2)帮助学生远离消极、颓废的生活。

(3)促进学生良好的习惯和高尚品德的养成。

(4)增进学生的心智和各种技能。

(5)发掘学生的兴趣,平衡身心。

(6)通过实践参与,青少年在延续文化的同时,实现再创造。

(7)通过休闲体育长期科学参与,提高青少年学生群体的综合素质与能力,促进其未来的个人与社会价值的实现。

现阶段,通过休闲体育教育促进青少年健康发展,应重视做好以下工作。

(1)学校方面,创造良好的体育教育环境,充分结合儿童身心特点安排各种体育教学活动内容,寓教于乐,劳逸结合,不按正式项目的要求训练儿童,并应尽量做到体育教育教学的多样化,让儿童尝试各种体育项目,最终找到适合自身的体育运动项目,并充分做到课内外体育教学活动的有机结合;鼓励参与休闲体育、假日体育(体育夏令营)。总之,体育教学应尽量与学生的生活实践有机结合起来,努力培养学生自觉的健康意识、健康行为、健康能力,帮助学生把所学知识尽可能转化为学生自觉的行动。学生只有掌握了健康知识和锻炼方法,才不会盲目进行体育锻炼,才能不断实现对体育健康锻炼的科学参与,才能收到良好的体育健身效果。

(2)社会方面,应在整个社会环境中形成良好的体育教育氛围,创造良好的体育教育社会环境。这需要借助各社会团体组织,如青少年体育协会、地方体育团体、邻近俱乐部等的宣传与加强交流与合作,来共同开发、组织、开展适合青少年身心发展的休闲体育活动。

(3)政府方面,积极引导,制定政策与法律法规,全面推进学校休闲体育教育和社会休闲体育教育。

（二）提升老年人生活品质

目前,我国已经进入了老龄化社会,老龄化问题引发了各种社会问题,直接关系到老年人群的身心健康发展,同时,老年人的生活品质和身体健康关系到亿万个家庭的幸福和整个社会的健康发展。

老龄化问题的科学化解决关系到一个国家的健康持续发展。休闲体育参与可以在很大程度上缓解老龄化问题中老年人的休闲时间度过、身体健康、心理健康等问题,能有效提高老年人的生活质量。

在我国,老年人闲余时间非常丰富,是休闲体育运动的主要参与人群,通过休闲教育来提高他们的判断能力、选择和评估休闲价值的能力。鼓励中老年人积极参与社会活动,可以有效避免老年人的孤独感,可以缓解"空巢""失独""留守"老人的生活健康问题,能提高老人的生活幸福感,也能缓解家庭、社会压力。

（三）增强国民体质

休闲体育具有重要的教育功能,体育运动只有普及才有意义,对于一个国家来说,发展体育运动的最终目的一定是增强人民体质。

休闲体育在增强国民体质方面具有重要的促进作用,而且由于休闲体育自身的运动特点,休闲体育拥有广泛的群众基础,此外,随着我国《全民健身计划纲要》的颁布与实行,作为大众喜爱程度高、普及性又强的休闲体育项目更加成为大众健身运动的首选运动。

随着我国经济的快速发展、人们生活水平的不断提高,人们对精神文明的追求越来越强烈,作为精神文明重要组成部分,休闲体育有效又有益,成为广大人民群众的精神文化补充。休闲体育可以满足人们娱乐、交往、发展的需要,能深入到人们日常生活中去,切实增强国民体质健康水平。

(四)促进社会和谐

休闲体育对构建社会主义和谐社会的促进作用表现在多个方面,具体分析如下。

(1)休闲体育能增进个人体质健康,提高国民体质水平。

(2)休闲体育能增进人际交往,科学的休闲生活方式,可有效促进人的社会化,实现人的身心和谐,人与人的和谐,人与社会的和谐。

(3)休闲体育教育能促进个人心理健康和思维发展,塑造良好的社会风气、社会文化,促进社会主义精神文明的建设。

(4)发展休闲体育教育能增强人们的休闲体育观念,刺激休闲体育消费,扩大内需,增加就业,促进国民经济的发展。

总之,大力推广和普及休闲体育,能切实促进社会政治稳定、社会经济发展、社会文化进步,营造良好的社会风气与风尚,促进个人与社会的共同发展。

第三章　社会发展新背景下的休闲体育发展

休闲体育的发展与社会经济的发展具有非常密切的关系,不同的社会经济背景下的休闲体育发展会表现出不同的社会特点和时代特征。新时期我国社会经济发生了重大变革,和谐社会构建更加深入,以"低增长、调结构、转方式"为特征的经济新常态正在形成,女性体育消费日渐崛起,城乡体育休闲格局变化明显。现阶段,休闲体育的整个社会经济背景变革必然会引起休闲体育发展的变化,在新的社会经济环境下,我国休闲体育的发展面临着新的机遇与挑战。本章就重点对新时代背景下的休闲体育创新发展进行全面深入解析,以探索新时期我国休闲体育的可持续发展之路。

第一节　休闲体育与和谐社会

一、和谐社会概述

(一)和谐社会的提出

和谐社会,是一种人与自然、人与社会的各种因素都保持和谐统一的关系的社会,和谐社会是一个多元化的、秩序化的,具有很大包容性的社会。

和谐社会的提出是基于在进入 21 世纪后我国对社会发展的新认知。2002 年,党的十六大报告第一次提出"社会更加和谐"的重要目标,十六届四中全会进一步提出"构建和谐社会"的任务。2004 年,我国正式提出建设社会主义和谐社会的发展战略目标。

2005年以来,中国共产党一直将"和谐社会"作为执政的战略任务,"和谐"成为新时期社会构建的重要价值取向。

和谐社会,是人们对美好社会的一种向往,古今中外,每个人对于和谐的社会都有自己的看法,有很多思想家、哲学家、政治家都对美好社会的构建提出了构想,不同时代的人对美好社会的理解不同,关于理想社会的构想,实现社会的和谐发展是人们对美好社会的始终追求,是人们尤其是领导者与生俱来的一种天性的反映。

在我国古代,构建和谐社会,如儒家的"世界大同",充分表达了人们对于美好生活的向往和追求,人们渴望受到(统治阶级的)重视,希望生活在没有战乱、百姓安居乐业、邻里关系融洽、家庭关系和睦的社会中。

在现代,社会主义和谐社会伟大战略构想的提出,充分满足了我国广大人民群众对建设理想社会的需求,而且与我国的国情尤其是经济发展现状是相适应的。与此同时,对科学发展观的树立与落实也离不开建设和谐社会这一重要步骤,在当前社会发展的重要阶段和时期,构建和谐社会具有重要的历史意义。

(二)和谐社会的基本内涵

和谐社会是一个适宜人居住、发展的各方面和谐的社会,具体包括人与自然、人与社会、人与人三个方面的和谐,我国和谐社会构建同时也是促进人类社会发展的一种积极探索,因此在上述三个重要方面的基础上,还要实现我国与整个世界的和谐共促。

1. 人与自然的和谐

人与自然的和谐是人获得良好生存、生产环境的重要基础与前提,人与自然的和谐是人最早认识到的重要的和谐关系。在我国古代,人与自然和谐统一的思想的产生可以追溯到先秦时期,古代的人与自然统一具体表现在哲学、政治以及伦理等方面。和谐社会的构建离不开人与自然的和谐这一重要物质基础,人与人和谐关系的建立也离不开人与自然和谐这一重要的物质基础。

人与自然和谐是人最早认识到的和谐关系,在我国古代哲学思想体系中,"天人合一"作为我国古代传统哲学思想的代表,是有关人与自然相互统一和谐的思想。所谓"天",指自然,自然与人是有感应的、是一体的,自然的变化可以影响人,相互和谐、合而为一是天与人之间的最佳关系状态。从根本上讲,"天人合一"思想强调的就是人与自然之间应该保持相互尊重的关系,强调人的一切活动应遵循客观自然规律。

在和谐社会体系中,人与自然和谐关系的建立具体要求如下。

(1)对人类表示高度关心,对自然表示高度重视,促进人与自然要和谐相处。

(2)维护人类利益,同时重视维护自然平衡。

(3)共同促进生物与非生物的进步,共同促进现在和未来的发展,协调好时间与空间的关系。

(4)不断协调社会与生态系统的共同发展。

(5)通过促进人与自然的和谐发展加快社会主义和谐社会构建,统一社会发展的利益需求与道德需求;统一社会发展的程度与价值。

2. 人与社会的和谐

人具有社会属性,人是社会的重要构成部分,人的发展离不开人与社会的和谐发展。在人所构成的社会中,人与社会的最直接的关系就体现在社会分工上,社会公正与公平的分配是社会分工和谐的最直接表现。

社会分工的和谐决定了人与社会的关系的和谐。从社会学角度来分析,社会分工的和谐内容广泛,具体体现在构成不同社会阶层与不同行业的群体的比例是合理的,最大限度上实现社会效益,保持持续增长的社会效率与公平的社会地位等。和谐社会可以将追求自由与幸福的权利提供给每个人,能够将促进全面发展的机遇与平台提供给每个人。人们在和谐社会中生活,要认真履行服务于社会的职责,在社会所进行的分工上,个人为自己的工作与理想而不断努力,将必需的服务提供给社会。社会以个人提供服务的质量为依据,将合理公平的报酬给予每个服务于社会的人。社会上的每一个人通过认真和努力工作来完成社会本职工作,并从本职工作的完成上来促进个人与社会价值的实现,进而促进个人与社会的共同发展。

在和谐社会中,人的发展与社会的发展是密切相关的,和谐社会构建的前提与根本动力是人的全面发展。社会进步能够通过人的全面发展集中反映出来,社会进步也能够通过人的发展来衡量。社会和谐以人的和谐为基础,人的和谐的实现离不开其多方面的需要(政治、经济、文化等)和全面发展其能力这一重要基础。和谐社会构建的重要支撑点是人的全面发展,如果人不能得到全面健康发展,则社会的发展也会出现各种问题。

现阶段,我国社会发展进程中面临着各种各样的社会问题,这些社会问题产生的根源就在于社会中的人没有得到健康全面的发展,因此,要想构建社会主义和谐社会,就必须着手于促进人的发展,从促进人的政治、物质以及文化等方面的发展,关注社会公平、教育公平、医疗卫生等关系到人的发展的具体问题,通过解决这些问题,来促进贫困人口的减少与消除,促进社会主义民主政治的发展,促进人们身体水平、教育水平以及思想道德水平的提高,促进人的全面发展,并使各种社会问题得到有效解决,促进社会的全面发展。

3. 人与人的和谐

人在社会中生存与发展都离不开与社会中的其他人发生一定的社会关系,人是构成社会的基本单位,作为社会的共同构成基础,人与人的和谐相处对于人的发展、社会的发展也是非常重要的。

构建和谐社会,需要处理好作为社会中成员的每一个人之间的社会关系,社会中每个人在不存在根本利益冲突的前提下平等地享有权利,履行对等的义务,人与人之间保持相互依赖与促进的互动关系,即人与人和谐共处,人与人的和谐,从根本上来说就是,每个人所追求的利益都不会威胁到他人,实现个人的幸福离不开他人的幸福,人人都可以全面自由地发展,每个人的发展都有利于他人的自由发展,人与人之间相互促进、共同发展,并通过所有人的发展来实现整个社会的发展。

4. 我国与世界的和谐

社会主义和谐社会的构建,是具有中国特殊的社会发展战略,在全世界范围内,不同国家和地区的发展是可以实现和谐共促的。

要实现整个人类社会的发展,每个国家都共同有一个职责和义务,就是促进与维护人类的生存与发展,这一职责与义务是每个民族都义不容辞的。

新时期,随着全球化的发展,世界上每一个国家和地区、世界上各地人们之间的联系日益紧密,人类所面临的各种问题都是某一个国家和地区曾经面临、正在面临,或者以后会面临的问题,整个人类社会也需要得到和谐发展。

现阶段,人类社会发展的各方面的压力主要来自两个方面,即自然与社会。自然环境在不断恶化、自然资源在不断减少、人口规模在不断扩大,而且部分地区依然存在多方面的威胁(疾病、贫穷、暴力与战争等),这一严峻形势促使全世界合作关系的发展。只有加强全球人类之间的合作,才能够创建和谐、文明、可持续发展的自然与社会环境。

整个世界范围内,国家与国家、地区与地区、民族与民族之间的联系日益广泛、深刻与全面。作为社会主义国家的中国,作为华夏儿女的中华民族要加强与世界其他国家与民族的融合及交流,共同为营造和谐的氛围而努力,并促进整个世界的发展,才能实现中华民族的复兴和促进全人类的持续发展。

(三)和谐社会的社会形态

具有中国特色的社会主义和谐社会的构建,整个社会应具有和表现出以下基本社会形态。

1. 民主法治

民主法治,具体指充分实行与发扬社会民主,坚持依法治国,有效调动社会积极因素,确保人民群众的主人翁地位。

社会主义和谐社会的构建要以民主法治为基础和保障(政治方面)。我国实行人民民主专政,国家的主人是人民群众。要想将广大人民的积极性、主动性和创造性以及社会各方面的积极因素充分调动起来,就必须发扬社会主义民主。而要发扬社会主义民主,依法治国是根本保障条件,在社会主义和谐社会构建过程中,民主与法制是相互统一、相辅相成的。

民主法治的和谐社会构建,应做好以下工作。

(1)加强社会主义民主政治建设,大多数人民群众的愿望与要求、广大人民群众的独立人格和民主权利必须得到尊重与满足,尽可能地满足广大人民群众的根本利益,积极发挥社会各方面的积极因素,鼓励广大人民群众支持和参与社会建设。

(2)贯彻落实依法治国。新时期,要不断提高全民法制意识,稳步推进国家法制化与规范化管理。要以社会生产力的发展条件以及我国经济发展的新变化为依据,不断完善社会主义的法律结构,在实际行动中落实党的各项方针政策,使社会环境变得更加安全与稳定,使整个社会良性、有序运转。

2. 公平正义

公平正义,指在整个社会关系中,应重视社会各方面利益的协调,有效解决人民内部矛盾,维护社会公平和公正,实现社会资源全民共享。

公平正义是马克思的重要主张之一,是社会主义的一个重要核心价值,社会主义和谐社会的构建离不开公平正义这一基础条件。

新时期,构建和谐社会,必须遵循公平正义的原则,搞好社会各方面的利益关系,促进社会成员之间的收入分配向公平与公正发展。现阶段,随着我国的经济体制改革不断深入,我国社会分化现象日益严重,各个社会阶层与利益群体之间的利益关系复杂,各种社会资源分配不公平的问题不断显现出来,例如,地区之间的社会成员或同一地区的社会成员之间收入分配存在过大的差距,农民与工人等不同社会群体在对社会经济改革做出贡献之后,以及我国民众非常关心的教育资源、医疗资源、社会保障体系的公平公正问题。社会公平问题严重影响了人民群众的社会关系,也给社会秩序与社会稳定带来了不安定因素。

构建社会主义和谐社会,实现社会公平正义,应做好以下工作。

(1)实现法律公平,通过法律手段,依法实现公平正义。

(2)维护制度公平,公平主要体现在权利、机会、规则以及收入分配等几个方面,这些内容共同构成社会主义公平的结构体系。制度的作用在协调多方利益的过程中是不可忽视的。充分发挥制度的作用,保证社会成员的基本权利,这在社会主义和谐社会的构建中是至关重要的。

(3)贯彻落实机会公平,通过各方面措施,积极推动教育公平、就业公平、就医公平。

(4)确保每个公民的社会经济发展的公平正义。大力发展经济的同时,注意社会公平的维护,要最大限度地保障大多数社会成员的利益,正确协调不同地区与部门的利益关系,使社会成员之间的收入水平走向平衡,进而促进我国经济水平的全面提高。

3. 诚信友爱

诚信友爱,人民群众互相帮助,诚实、讲信用,平等友爱,和谐共处。

在社会关系构建过程中,诚信友爱的前提条件是要有和谐的人际关系。人与人之间的和谐直接决定整个社会的和谐。人是构成社会的基本单位,和谐社会构建的前提与根本动力是人的全面发展。社会主义和谐社会构建的前提与基础就是实现人与人之间的和谐。

诚信,是人与人之间建立良好、稳固关系的重要基础和前提,社会上一切道德的基础和根本就是诚信,经济社会生活中凡事要以诚信为基本道德准则,对人际关系进行调节、对经济和社会生活秩序加以规范,都离不开诚信这一基本准则。社会成员要自觉遵守社会规则、规章制度和公共秩序,行事都要以彼此的诚信为前提。

构建和谐社会,要实现诚信友爱,应做好以下工作。

(1)倡导社会全体成员发展诚实守信、互帮互助、平等友爱以及和谐相处的人际关系。

(2)加强社会主义的道德建设,遵循基本道德规范。

(3)广泛开展社会公德、家庭美德以及职业道德教育,促进社会成员诚实守信意识以及道德素质水平的提高,培养有理想、有道德、有文化、有纪律的新型人才。

(4)引导全体人民群众树立社会主义荣辱观("八荣八耻"),提高自己的荣辱意识与辨别是非的能力。

4. 行为规范

"没有规矩,无以成方圆",社会规矩,即人们社会行为的准则。社会行为规范的内容包括风俗、道德、法律、纪律等。

社会行为规范具体包括以下内容。

(1)公民道德规范:爱国守法、明礼诚信、团结友善、勤俭自强、敬业奉献。

(2)社会公德规范:文明礼貌、爱护公物、保护环境、遵纪守法、助人为乐。

(3)职业道德规范:办事公道、诚实守信、爱岗敬业、服务群众、奉献社会。

(4)家庭美德规范:男女平等、夫妻和睦、尊老爱幼、勤俭持家、邻里团结。

5. 结构合理

结构合理,是指社会各组织系统结构之间匀称、均衡、稳定。具体包括以下组织系统结构,即人口、阶级、民族、职业、地区、家庭等结构。作为社会框架,社会结构合理是社会和谐的前提。

6. 安定有序

安定有序,具体指社会组织机制健全,社会管理制度完善,社会秩序良好,具体表现在以下两个方面。

(1)社会稳定:社会处于平安且稳定的状态,社会成员具有平和的心理,成员之间保持和睦的关系。

(2)社会有序:社会各方面的法律、制度、体制、机制以及秩序和规范等都比较合理与完善。具体包括政治有序、经济有序、文化有序、社会生活有序。

7. 充满活力

充满活力,指整个社会成员有积极的愿望,从事有意义的社会创造活动,全体社会人民一起共创美好家园。

人的发展和社会的发展都离不开"活力","创造能力、创新能力"是"活力"的重要源泉,社会活力以创造、创新为根本,充满活力是现代社会的重要标志之一。

要使社会保持创造活力,就必须从政策上加以促进,从制度上加以保证,在和谐社会的构建过程中,要将所有的有利因素充分调动起来,全面增强社会各种创造力。具体应从以下几方面入手。

(1)激发所有生产要素的活力,发掘所有源泉创造社会财富,形成活力充沛的社会环境。

（2）激发不同阶级阶层人民群众的主动性、积极性和创造性，全面促进社会创造活力的增强。

（3）激发工人阶级（包括知识分子在内）、广大农民的活力，促使其不断为经济社会发展做贡献，全面贯彻党要全心全意依靠工人阶级的执政方针。

（4）激发新社会阶层（以非公有制经济人士和自由职业者为主体）的活力，使其勇于并敢于为经济社会的发展而奋斗。

（5）激发发达地区、产业和群体的活力，同时，关心和重视欠发达地区、行业和群体发展。

8. 兼容共生

兼容共生，指社会各阶层、各类资源相互制衡、相互促进。

在和谐社会中，民族、宗教、党派、阶层，是重要社会资源，和谐社会构建应为各类人谋取一定的物质利益，提供生存与发展的条件，并使各类资源形成合力促进社会发展。

9. 和谐相处

和谐社会的发展，要求人与自然协调相处。人类与社会的生存和发展离不开自然这一基础与前提条件，社会和谐很大程度上依赖并取决于人与自然的关系。自然具体包括两个方面，即环境与资源。

在和谐社会构建过程中，社会的和谐发展统一了人与社会两方面的发展，现代社会的和谐发展，是实现人与社会的双重发展。而要实现人与社会两个方面的发展，都要以尊重自然，实现人与自然、社会与自然的和谐发展为前提，从人类可持续发展的角度来讲，人类不能以无限制地消耗自然资源来促进经济的发展，也不能以破坏环境为代价，过度向自然索取会造成自然资源不断减少，人类生活的环境不断恶化，不仅不能促进发展，还会使人类赖以生存的自然环境遭到破坏。这样人与社会也就失去了生存基础。

现阶段,要解决我国出现的各种生态破坏与环境污染等问题,必须认识到如果不对这些问题加以解决与制止,经济的可持续发展便无法实现,一些非常严重的经济问题会接踵而至,构建和谐社会一定要将人口增长、资源利用、环境保护与经济发展的关系处理好,做好以下工作。

(1)落实科学发展观。
(2)统筹人口资源环境与发展。
(3)大力发展循环经济。
(4)强化环境管理。
(5)健全环境监管体系。
(6)完善环境法制。
(7)推进污染治理市场化。
(8)健全环境经济政策。

二、休闲体育对构建和谐社会的促进作用

(一)休闲体育对和谐自然宜居环境构建的促进

休闲体育对和谐自然宜居环境构建的促进可实现人与自然的和谐。

休闲体育发展对自然环境有重要的影响,这种影响是双向的,可能导致消极影响,也可以产生积极影响。

1. 休闲体育对自然环境的消极影响

(1)休闲体育占地问题。休闲体育的发展,需要一定的客观自然条件支持,例如,一个休闲体育度假村的建设,休闲体育运动中心的建设,不仅休闲活动本身需要一定的场地,从人们的居住地、办公地到休闲体育活动场所,所涉及的公路、停车场、酒店等,都需要占用自然环境中的土地资源,如果处理不当,会加重当地自然环境的污染和破坏。如修建大型场馆、场地、设施、酒店,大量地占用土地,可造成土壤流失,造成噪声污染和光污染。

(2)资源问题。休闲体育建设规划不合理时,会导致体育资

源的闲置、浪费。

(3)制剂使用。在休闲体育运动过程中会使用一些必要的清洁剂、杀虫剂,这些药物制剂会对土地、水环境产生一定的负面影响。

(4)休闲场地、设施等的使用过程中用电力和燃料可增加温室气体,加重臭氧层的破坏(大量使用制冷设备)。

(5)交通问题。交通问题是一个非常重要的环境问题,无论是冰雪休闲运动参与,还是滨海休闲运动参与,还是高尔夫度假游等,都会涉及交通问题,交通过程中会因为各种交通工具而产生大气污染、噪声等环境问题,此外,在节假日的休闲体育运动项目集散地,人群的集散、安全等也会对当地的居民生活生产造成困扰。

(6)垃圾问题。在休闲体育运动参与过程中,运动者、工作人员、当地居民都会产生各种各样的垃圾,如果处理不当,必然会破坏生态环境。

2. 休闲体育活动开发、参与中的环保改善

(1)体育与环保目标的一致性

体育运动是人为了个人的健康发展而主动参与的活动,环保的根本目的是促进人类社会的可持续发展,因此,从发展的角度来说,体育与环保二者的根本目的是一致的。

在休闲体育运动项目的开发过程中,尤其是一些新的体育运动场所的建设,我国对环境保护提出了较高的要求。随着2022年冬奥会的日益临近,我国在广大人民群众参与冰雪休闲运动呼声日渐增高,有很多地区都大兴土木建设冰雪运动场地,在建设过程中,我国各地政府积极监督,确保将发展体育对自然环境的破坏降到最低。

(2)通过休闲体育与环保宣传的同步推进

近年来,随着我国"全民健身""体育强国",建设"健康中国"等各项战略的不断推进,越来越多的人走出钢铁水泥丛林、走出城市室内健身,走进大自然积极参与户外休闲体育运动。人民群

众在参与休闲体育运动的过程中,也能切身感受到环境的价值,从而树立其环境保护的意识。

(二)休闲体育对和谐社会文化环境构建的促进

休闲体育作为一种特殊的体育文化和社会文化,其在促进和谐社会良好文化环境建设方面具有重要的作用。

1. 休闲体育可丰富大众社会文化生活

休闲体育活动内容丰富、形式多样、受限制因素少,适应性广泛,是男女老少休闲时间的健康选择,参与休闲体育活动能极大地促进社会大众的业余社会文化生活,提升社会大众的生活质量和生活幸福指数。

休闲体育不仅可以满足人们的娱乐性、消遣性需求,满足对美的需求,其作为一种社会文化,具有文化韵味,因此它还可以满足社会大众的自我发展需求。休闲体育为人们的精神文化消费提供了丰富多彩的内容和形式,成为社会大众健康生活的重要活动内容。

2. 休闲体育可以营造良好社会风气

现代社会已经进入休闲社会,整个社会的发展使得人们的休闲时间日益增多,休闲活动内容与方式也有了更多的选择,当今社会,竞争激烈,人们所面临的各种压力纷至沓来,休闲时间更多的是情绪的宣泄和身心的放松。现代文明给人们带来了诸多休闲行为,有健康的休闲,如参与休闲体育、看电影、读书、听音乐会,也有不健康的休闲,如沉迷电子游戏、赌博、酗酒等。

不良休闲活动对人们的价值观的引导有时是错误的;在现代人的日渐增多的休闲时间内,人们基于释放日常生活、学习、工作压力的需求,因此在休闲时间内更渴望无限地释放积压的情绪,在休闲活动中对自我生活的控制力就越弱小,不良的休闲方式可实现个人的"身体和思想的狂欢",但是在休闲过后,由休闲而产生的失落感、愧疚感、心理失衡等就越多,严重的还会因休闲导致孤独、自杀和犯罪行为。

休闲体育可促进运动者身心健康发展,是现代社会的一种健康休闲方式,通过参与休闲体育活动不仅可以释放身心压力和不良情绪、情感,在休闲运动之后,还有助于身体能量的恢复,可以促进人体的生理健康和心理健康,还有助于运动者更好地融入他人、融入社会,不可否认,休闲体育的普及和开展,对全体人民追求健康生活是一种良好的促进,可在全社会形成健康休闲的良好社会风气。

3. 休闲体育可以促进社会精神文明建设

休闲体育活动参与,能有效提高社会大众的体育文化素质、体育精神和良好意志品质水平,进而可促进社会精神文明建设。

休闲体育十分强调内容的丰富性和趣味性,丰富了社会大众业余文化选择,而其运动本身又是人类身体健康的自然需要,在活动过程中又可使氛围轻松和睦,充满了和谐。因此,休闲体育不仅可以提高人的身体素质、心理素质,还有助于促进运动参与者的社会性发展,对于整个社会的精神文明建设具有重要促进作用。

(三)休闲体育对人的健康态度与行为的促进

现代休闲社会,人们关注休闲,也关注自身健康状况与生活质量的提高,只有健康的生活态度与行为才能真正实现人的健康、促进人的持续发展。

现代社会中的人面临的社会压力较大,在社会生活中,为了排遣各种压力,有很多人选择积极进取,也有很多人不愿意接受改变,并为当下的"精神不振"的生活状态找借口,尤其是现代年轻人流行着各种"丧文化",严重影响了整个年轻人的精神状态和生活态度。

休闲体育运动提倡人的身心的积极活动,这种活动能切实使人体的生理、心理得到释放与满足,是一种健康的休闲。能给运动参与者带来一种积极向上的、健康的生活态度,并能通过持续的休闲体育运动参与来改变个体的不良生活态度与行为,促进个体的身心健康全面发展。

综上所述,参加休闲体育活动能很好地改善和促进人的健康态度与行为,可以促进人自身的和谐,这是人与社会和谐发展的重要基础。

(四)休闲体育对良好人际关系的促进

在参与休闲体育活动的过程中,运动者之间很少有日常生活、学习、工作交往中的各种角色差异,彼此之间是平等的、友好的,可以建立一种良性的竞争与合作关系,共同的兴趣爱好更是拉近了不同运动者之间的人际关系和距离,使得彼此能相互了解、相互理解、相互信任与合作,共同参与、共同发展。

通过休闲体育活动参与,借助于"体育"这一身体语言,可以促进人际关系的和谐,可以促进人与人的和谐关系,促进和谐社会的建设。

第二节 经济新常态、"她经济"背景下的休闲体育产业发展

一、新时期经济发展"新常态"

(一)经济新常态的提出

2014年11月,在APEC工商领导人峰会上,习近平总书记首次系统阐述了我国经济发展的"新常态",指出我国经济"从高速增长转为中高速增长,经济结构不断优化升级,从要素驱动、投资驱动转向创新驱动"的发展新态势。[①]

2015年11月10日的中央财经领导小组第十一次会议上,习

---

① 习近平.谋求持久发展,共筑亚太梦想:在APEC工商领导人峰会开幕式上的演讲[R].2014-11-09.

▶新时代休闲体育的发展探索与科学参与

近平总书记再次强调,"适度扩大总需求,加强供给侧结构性改革,增强经济持续增长动力"。2015年12月18日至21日,中央经济工作会议推出新时期我国五大经济政策,指出了经济发展新常态下我国的经济发展方向(表3-1)。

表3-1 新时期经济发展政策

政策方向	政策内容
宏观政策	(1)加大减税,增加政府必要财政支出 (2)灵活实施货币政策,营造良好货币金融环境
产业政策	(1)推进农业现代化发展 (2)加快制造业、服务业发展 (3)提高基础设施网络化水平 (4)坚持创新,加快绿色发展,发展实体经济 (5)激活存量,补齐短板,形成新的增长点
微观政策	(1)做好企业服务工作 (2)破除市场壁垒和地方保护 (3)实现有效、创新、高质量供给
改革政策	(1)完善落实机制 (2)把握好改革试点 (3)加强统筹协调,调动地方积极性 (4)敢"啃硬骨头",改革要见实效
社会政策	重视农业发展,促进农业与其他产业的融合发展

2016年1月26日,中央财经领导小组第十二次会议指出了新时期我国供给经济发展的根本目的是提高社会生产力水平,加强和扩大生产优质供给,适度扩大总需求,去产能、去库存、去杠杆、降成本、补短板。

2017年10月18日,中共十九大在京召开,党的十九大报告明确指出中国特色社会主义进入了新时代,我国正处于经济转型期,要实现和促进我国经济持续不断增长,必须明确当前经济发展的新态势,在经济发展中更有针对性地解决各种问题。党的十九大报告中再次强调"绿色发展"理念,"绿色经济"发展上升到新的战略高度,与"绿色经济"相关的"绿色新政""绿色金融""绿色制造"等也开始从理论逐步转入实践。

2018年,"绿色经济"成为各行各业持续关注的焦点,与传统"褐色经济"相比,无论是在资源配置、经济增长方式,还是资源消耗与环境保护方面,都符合我国新经济常态下的经济结构调整与经济方式变革(图 3-1),新的经济发展理念为新时期我国经济发展新常态下的包括体育产业在内的各产业发展提供了一个良好的发展方向。

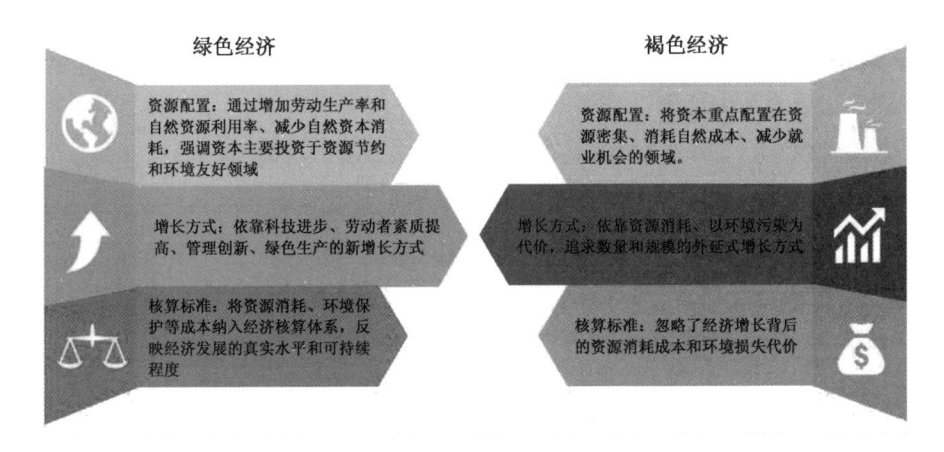

图 3-1

(二)经济新常态的特点

简单概括来说,新时期,我国经济发展新常态的主要表现是低增长、调结构和转方式,在经济发展新常态背景下,发展经济的工作重点是,有针对性地解决当前一些严重的经济失衡问题。

1. 国内经济和国际经济的失衡

在我国经济新常态下,我国经济发展面临的一个重要问题就是国内经济与世界经济发展的不平衡,这也是我国要稳步扩大内需的必要性。具体来说，国内外经济发展的不平衡表现在以下几方面。

（1）内部经济结构失衡。国内经济发展中产能过剩，同时，人民群众的一些消费需求无法得到满足。

（2）资本收入和劳动收入失衡，影响到了内需，容易引发一些社会矛盾。

（3）投资、消费、出口失衡。

2. 实体经济和虚拟经济的失衡

在我国现行经济运行过程中，一些新的风险因素正在逐步表现出来，实体经济发展前景不容乐观，虚拟经济发展态势迅猛，这也表现出我国正在稳步进入休闲社会，随着信息网络时代的到来，人们的休闲观念和方式也发生了很大的变化。

不同社会发展阶段，人们的消费观、休闲价值观、幸福观、经济理论、时间与金钱状况和休闲情况是有区别的（表3-2）。现阶段，面对我国经济新常态的发展现状，服务业、休闲行业面临着良好的发展机遇。①

表3-2 不同社会发展阶段的消费观、休闲价值观、
幸福观、经济理论和休闲情况一览表②

社会发展阶段	农业社会	工业社会	知识社会
人的消费观	节欲勤俭	享受和拥有消费	为身心健康发展、生活质量提升而消费
休闲价值观	劳动至上，休闲是罪	工作第一，休闲是为了劳动	劳动的最终目的是休闲
幸福观的变迁	物	物、服务	物、服务、时间

---

① 张川. 新常态下休闲体育的发展导向及路径探讨[J]. 经济研究导刊，2017(12):36-37.

② 喻坚. 新常态下中国休闲体育产业发展对策研究[J]. 山东体育学院学报，2016(5)32:32-37.

第三章 社会发展新背景下的休闲体育发展

续表

社会发展阶段	农业社会	工业社会	知识社会
经济理论	古典经济学理论	现代经济学理论	未来经济学理论 知识经济学理论 创新经济学理论 休闲经济学理论等
时间与金钱状况	有闲无钱	无闲有钱	有闲有钱
自由时间	休息	休息、文化娱乐	休息、文化娱乐、健身、旅游、社交

（三）经济新常态下的休闲体育发展

1. 经济新常态下的休闲体育发展机遇

2018年10月5日，首届中国国际进口博览会在上海开幕，习近平主席演讲指出：中国主动扩大进口是面向世界、面向未来、促进共同发展的长远考虑。中国将顺应国内消费升级趋势，培育中高端消费新增长点。

当前我国经济发展新状态下，消费升级的定位为休闲体育发展开辟了新天地。休闲体育是国内消费升级趋势的重要方面，是中高端消费的新增长点，国内市场潜力巨大，休闲体育的发展已经进入了政府支持和快速发展的新时代。[①]

2. 经济新常态下的休闲体育发展方向与趋势

在经济发展新常态下，我国休闲体育发展方向与趋势具体分析如下。

（1）休闲体育意识的人本化

在人类发展进程中，对休闲的向往程度是衡量一个时代的人

---

① 公冶民. 消费升级迎来休闲体育发展新时代[N]. 中国体育报（第007版），2019-02-11.

对于"人"自我意识本真认识的标杆。休闲体育意识的产生已逾数千年,但休闲体育意识真正形成并产生休闲体育消费在近代才开始出现。体育运动的自主性、参与性、体验性等决定了休闲体育发展需要社会经济发展的支撑。

我国改革开放四十多年以来,社会经济发展迅速,发生了较大的变化,物质财富的积累方面超越以往任何一个时代,物质的丰富进一步促进了人们的发展需求升级,休闲体育作为提高人民生活质量的重要休闲和消费途径已成为市场经济发展的新领域。

新常态下,人民生活改善不可避免地要取决于对自身健康的重视,休闲体育意识对新常态下人民生活方式转变促进意义重大。

(2)休闲体育经济的理性化

现代经济,提倡低碳、环保,发展"绿色经济",作为一种第三产业,体育产业具有健康和低碳的特点。在我国以往的计划经济结构中,体育产业长期以体育用品加工制造业和竞技体育赛事业为主体结构,在市场经济发展新常态下,中国体育产业发展正在变革,休闲体育旅游业、休闲体育文化产业的发展在整个体育产业中的比例不断提升。

在经济新常态的"促进经济的绿色增长"理念指导下,体育产业更多地与休闲、旅游、会展、演艺、传媒产业融合发展,休闲体育产业绿色环保的特征,更使其在当前以及未来正在成为国民经济的一个重要增长点。

休闲体育产业的多产业融合性也使其与大众生活更加紧密地结合在一起,使休闲体育经济稳步推向理性化的发展道路。[①]

(3)休闲体育文化的常态化

休闲体育产业发展受社会经济发展的影响,同时,又反作用于社会经济发展。

[①] 王晓东,章翔. 新常态下中国休闲体育的发展导向和路径思考[J]. 吉林体育学院学报,2016(1):9—10.

第三章　社会发展新背景下的休闲体育发展

在经济发展新常态下,休闲体育产业要想更好地适应当前社会的发展潮流,就应该更加深入地与人们生活的各方面有机结合,而大众休闲体育意识的提高也促使休闲体育更加亲近地走入社会大众的生活,与大众生活的紧密结合使得在经济发展中休闲体育的经济发展优势更加明显地表现出来。[1] 休闲体育文化已经成为人们生活的一个重要组成部分,成为一种大众生活常态。

二、经济发展中的"她经济"

(一)"她经济"的崛起

"她经济",也称女性经济,由经济学家史清琪女士提出,具体指随着女性经济和社会地位提高,围绕女性理财、消费而形成了特有的经济圈和经济现象。[2]

当代女性,不仅在家庭中承担着重要角色和发挥着重要作用,也在社会各项工作中发挥着重要的作用,更多的新时代女性开始兼顾事业和家庭,在各个领域都有自己出色的表现。

随着我国女性的经济自主权的不断提高,中国的"她经济"已经崛起,女性消费具有强大的市场推动力。波士顿咨询公司(BCG)对女性消费趋势分析发现,中国女性主导了家庭消费中的62%,远远领先于世界其他主要消费市场。和讯网《2017中国女性财富管理报告》指出,女性消费规模扩大、消费形态升级,和以往相比,新时代女性有更强烈的消费与理财需求。[3]

现阶段,女性消费更是紧跟时代发展,并成为现代消费市场的引领者,从消费类型上来看,信息社会,当代女性在网络中有绝对的购买力,女性在移动消费人群中有明显的性别优势,年龄则以26~35岁为代表的80后、90后为主,年轻女性成为女性消费

---

[1] 张川.新常态下休闲体育的发展导向及路径探讨[J].经济研究导刊,2017 (12):36—37.
[2] 许黛玉."她经济"时代的营销战略[J].中国商论,2019(8):61—62.
[3] 李莹亮.她经济:中国女性消费"掘金潮"来临[J].科技与金融,2019(3):49—50.

群体的主力军(图3-2)。

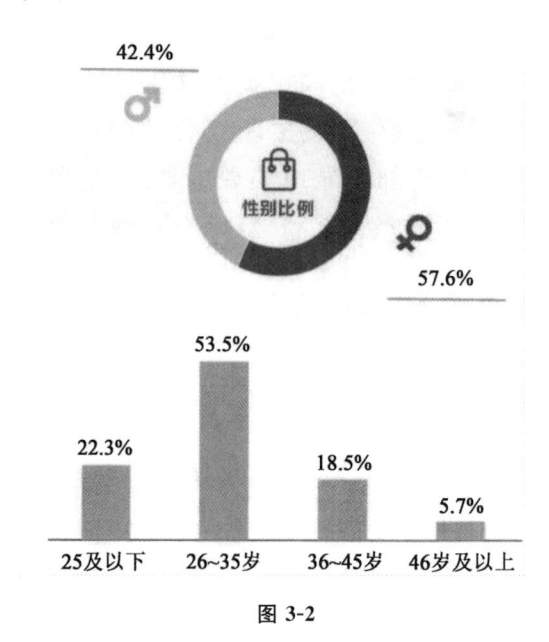

图 3-2

(二)"她经济"下的家庭消费与男性消费

有公开数据显示,女性是一个家庭消费的主体,75%的中国家庭总消费是由女性来决策,甚至在男性定位的消费品中,有50%的男性产品由女性购买。

女性家庭消费地位的主导性以及女性对家庭中男性消费的重要影响,决定了家庭消费市场、男性消费市场的市场定位、市场策略制定都不能忽视女性影响。

(三)"她经济"下的体育消费

从性别角度来看,女性爱美,新时代女性更加注重健康美好生活的追求,尤其是未婚女士,她们在休闲、娱乐中的消费支出是非常多的,随着全民健身背景下的女性体育参与意识的进一步提高,更多的女性走进健身房,也有更多的女性像男性那样挑战户外体育休闲,享受休闲时光。

当前,我国体育消费市场上,针对女性的体育产品越来越多,在健身房、游泳馆,女性健身者占据较大比例,普遍超过男性。在户外休闲体育旅游中,女性消费者也多于男性消费者,女性体育消费人数比例要高于男性。

三、经济新常态下的休闲体育产业可持续发展

(一)转变方式,注重休闲体育产业发展创新

随着改革开放的持续深入,我国产业结构不断升级与转型,在新经济常态下,休闲体育产业的发展也开始重视大众的体育休闲消费需求的分析,并以此为产业发展导向,注重产业发展模式的调整。

在传统工业化过程中,劳动密集型加工制造工业成为休闲体育产业的核心支柱,在经济发展新常态下,为了适应经济增速放缓、发展方式转型升级,我国产业趋向"产品差别型和生产工序型"深化分工,由此,我国休闲体育产业必然将由劳动密集型转入技术密集型、知识密集型的新常态。

现阶段,我国的整体经济环境发生了变化,传统的高消耗、低产出的产业发展方式已经逐渐被淘汰,休闲体育产业要想获得持续、快速发展,就必须将科技创新作为转变发展方式的核心内容,坚持"创新、协调、绿色、开放、共享"五大发展理念,走自主创新、创新驱动的发展道路。

(二)调整结构,驱动休闲体育产业优化升级

新时期,我国经济的发展已经进入了一个新的阶段,要想进一步促进产业经济发展升级,就必须不断完善产业结构,实现产业优化升级,避免产业发展中的低效、高成本、资源浪费。

总结经济发展经验和探索经济发展规律可以发现,经济的良好发展离不开现代产业结构的调整,产业结构包括第一产业、第二产业、第三产业(服务业),一般来说,第三产业在产业结构中占据的比例越大,就越说明产业结构的合理,宏观经济产业结构如此,在体育产业结构内部也是如此。

在体育产业结构中,包括体育用品、体育器械业、体育食品业、体育房地产业、体育建筑业,此外还包括体育竞技、健身、培训、彩票等产业(图3-3),在诸多产业中,我国体育产业制造业占据非常大的比例,在世界体育市场上,我国的体育产业发展优势也主要是集中在体育用品制造方面,而体育制造业是一种低效的产业,与体育服务业、高新体育技术相关产业相比,在产业竞争力方面表现出明显的不足。

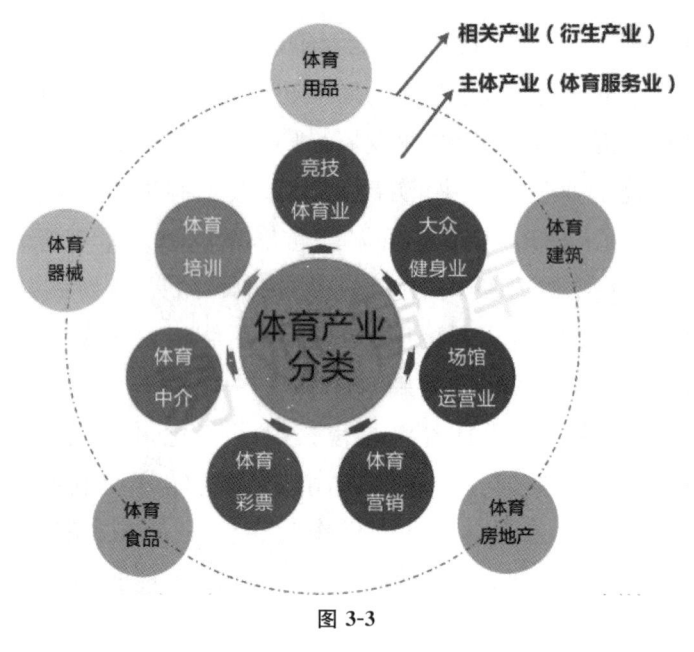

图 3-3

纵观全世界范围内,体育强国的体育服务业往往在整个体育产业中占据较高的比例,与美国相比,在我国的体育产业结构中,体育用品占比过多,体育服务业占比较少,体育产业结构不合理(图3-4)。

现阶段,要实现从工业大国向服务业大国的转型,结合我国经济发展新形势,调整经济结构、体育产业结构,必须要加大第三产业发展力度、增加体育服务业在产业结构中的比例。

当前,体育休闲、健身在我国体育产业中的发展势头良好,体育层面的产业结构调整,必须化解休闲体育产能过剩、供给不足的困局,加强"供给侧结构性改革",推进休闲体育产业升级。

第三章 社会发展新背景下的休闲体育发展

■ 中国体育产业中,处于相关层的**体育用品**占比约80%,是产业主要支撑

■ 而作为主体产业的体育服务业占比不到20%,主要原因在于前期体育产业市场化程度低、政策监管严,中国职业体育发展不成熟,产值较小

■ 对比成熟的美国市场,**体育服务业**是起支撑作用的主体产业

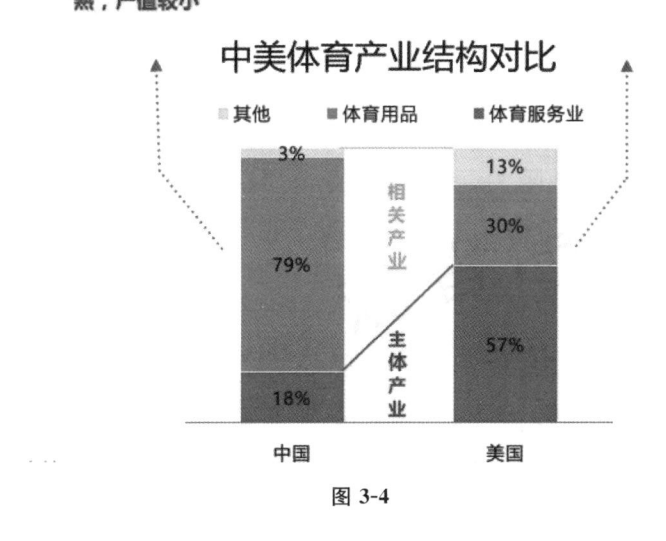

中美体育产业结构对比

	中国	美国
其他	3%	13%
体育用品	79%	30%
体育服务业	18%	57%

图 3-4

（三）落实政策,释放休闲体育产业新活力

1. 体育区域发展政策

我国一直以来都非常重视体育事业与体育产业的发展,在经济发展新形势下,为实现我国整个体育产业的良好发展,我国提出了许多创设性的发展战略,在国际经济形势和我国经济形势大背景下,为推动我国经济结构调整,我国积极缩短中西部地区产业差距,并强调"一弓双箭"战略布局,"一弓"覆盖东部沿线的东北、京津冀、海上丝绸之路;"两箭"贯穿长江经济带与陆上丝绸之路,促进我国休闲体育产业的区域协调发展,为休闲体育产业注入强大发展动力。

2. 体育市场发展政策

随着我国当前经济改革的深入,面对经济发展的下行压力,

必须通过深化改革消化前期政策,发掘经济的持续性增长潜力,推进供给侧结构性改革、提高供给体系与效率,充分发挥市场作用,破除体育产业发展上升阻力。为此,我国国务院颁布《关于发展体育产业促进体育消费的若干意见》,强调了政府职能从"权力型"向"服务型"的转变,为高度自由、竞争、开放的体育休闲产业发展提供了广阔的发展空间。

在经济发展新常态下,开放性的休闲体育产业中"凡是法律法规没有明令禁止的领域,都要向社会开放",这就为休闲体育产业发展打破了各种阻力,更多社会力量加入休闲体育产业发展建设,为休闲体育产业创造了更大的发展空间。①

(四)培养人才,增强休闲体育产业新动力

任何产业发展都离不开人才发展,休闲体育产业的发展也离不开休闲体育人才的发展。就我国休闲体育发展现状来看,我国休闲体育相关服务、管理、技术、指导性等各项人才都比较短缺,人才的不足,成为新时期我国休闲体育产业发展的一个重要制约因素。就休闲体育产业经营者来说,我国休闲体育经营者普遍存在的问题是:市场观念不强、知识结构不完善、缺乏创新。

现阶段,要持续促进我国休闲体育产业的发展,就必须从培养人才入手,从根本上增强休闲体育产业发展的动力,相关部门应采取各种措施和方法促进我国休闲体育人才培养,大力实施休闲体育教育改革和创新驱动战略,利用高校培养休闲体育人才,并重视创新型人才的培养。

四、"她经济"下的休闲体育产业可持续发展

(一)改变女性休闲体育参与心理

受社会体制和因素影响,我国古代社会长期的社会观念就是

---

① 喻坚.新常态下中国休闲体育产业发展对策研究[J].山东体育学院学报,2016(5)32:32—37.

女性的家庭地位较低,主要任务就是"相夫教子",没有自我发展的机会。新时代女性的社会地位不断提高,女性的活动范围也不仅仅局限于家庭和菜场,她们有了更多的社会发展需求,在体育参与上,女性和男性同样具有参与权利,在体育消费方面,女性甚至比男性有着更强的消费意识和消费能力。

在"她经济"主导的体育市场中,基于强身健体、调节情绪、减肥健美等多元化的体育需求,越来越多的女性参与到休闲体育运动中来,成为女性自我发展、社会交往、时尚生活的重要组成部分。

但有调查发现,在女性休闲体育参与心理中,有相当一部分女性的自我社会价值认知度低,她们参与休闲体育追求形体美,过于形式和表面化,更多是基于整个社会,甚至是男性群体对女性身体美的认知来参与体育锻炼,体育参与的初衷并非自身对运动健康、休闲、娱乐、交往的内在发展需求。

现阶段,要鼓励更多女性参与休闲体育健身、持续增强女性休闲体育消费能力,就要不断提高女性对休闲体育参与的价值、需求认知,从根本上改变女性休闲体育参与心理,促进女性的自我发展。

(二)增强女性体育参与法律意识

增强女性体育参与法律意识具体包括以下两个方面的内容。

一方面,我国《中华人民共和国体育法》赋予了每一个公民的体育参与权利,女性和男性一样在体育参与上享有同等的地位、选择权利,人人皆可参与体育健身。

另一方面,女性在休闲体育参与过程中应提高自我法律保护意识,无论是个人的日常休闲体育参与还是付费休闲体育消费,都应该重视通过法律保护自己的合法权益。例如,在进行休闲体育消费需要与商家签订消费协议时,应明确自己在消费协议中的权利,确保商家所提供的协议中是否有违反消费者权利的相关条款,此外,女性消费者在休闲健身参与过程中还应注重自己的人身财产安全等不受侵犯,学会通过法律途径、运用法律手段保护自己的合法权益、安全。

(三)大力配置女性休闲体育设施

体育运动参与需要一定的体育物质条件支持,女性体育运动与男性体育运动的具体内容不同,因此在具体的器材使用方面也会不同。当前,体育运动市场中的很多体育运动产品与设施对男女运动使用过程中的器械特点需求在设计上有充分的考虑,但这一部分运动设施器材主要集中在高消费型健身房中,大多数普通健身房的器材和设施多数是针对男性的力量型设计,女性专用的力量器材设施很少,很多器材设施也没有考虑到不同年龄阶段的人的运动健身参与需求。

在女性休闲体育市场中,为了给女性体育消费者提供更加专业的服务、更专业的产品,应该加大对女性休闲体育的设施和器材的研发、生产制造力度,并促进女性休闲体育设施的数量充足、种类多样化。

(四)多开展群众性女性体育活动

据预测,整个2019年,我国女性经济市场规模将达到4.5万亿元,并且在未来十年内潜力巨大,有望成为市场的主流风口。[1] 针对我国不断扩大的女性体育市场,应不断鼓励女性体育人口积极参加休闲体育运动,多组织女性体育活动,向女性人群介绍和普及适合她们参与的体育运动项目,逐渐使更多女性养成参与体育健身的习惯,并能为自己的休闲体育活动参与进行投资。

(五)加快女性休闲健身市场发展

"爱美""减肥"是与女性关联度非常高的词汇,也是女性消费市场中对女性消费者的消费定位关键词,围绕女性特点,应加快

---

[1] 张西流.关注"她经济"更须关爱"她权益"[N].中国商报(第02版),2019-03-20.

专门针对女性消费特点的休闲体育健身市场的开发,满足女性的休闲体育健身需求,使女性能通过休闲体育运动参与,实现心理预期目标,如变得更年轻、塑造良好身材、结识更多有同样时尚品位的志同道合的朋友、拓展交际,促进自我身体、心理、社会健康发展。

(六)开发女性为主体的亲子休闲体育市场

有研究表明,一个人的健康成长与其一个健康的童年有非常重要的关系,就我国现状来看,我国儿童少年的成长过程中,母亲在孩子的成长中是参与最多的那个家庭成员,母亲陪伴孩子的时间最长、对孩子的影响更大。在孩子出生后到六岁,孩子是最依赖母亲的,而这一时期,脑神经发育、智力发育、学习能力获得、感受力与协调力获得、健康心理形成等都与个体的童年生活、学习、经历有着非常密切的关系。这也是现代人非常重视和关注儿童教育的重要原因。

一般来说,如果一个家庭中的母亲体育参与意识强,经常参与体育运动,则孩子也会有很强的体育参与意识,对其以后持续参与体育健身有大的影响。

针对女性与孩子的捆绑性消费,就是亲子消费,在休闲体育市场领域,应积极开发各种女性亲子休闲体育活动,为女性休闲体育活动参与提供更多的活动内容与活动方式,不断丰富以女性为主体的亲子休闲体育产品与服务。

现在对儿童的教育越来越早,《北京市学前教育条例》把婴幼儿教育法定年龄提前到"零岁"。休闲体育可增强儿童体质健康、促进其身心发展,让家长带动儿童参与进来,必将提升中国儿童的健康水平、促进中国女性的健康水平,也可拓宽女性休闲体育产业的市场空间。[①]

---

① 吴晓飞,王锋.新时代女性休闲体育发展的策略研究[J].体育世界,2019(2):164—165.

第三节　城镇化与新农村建设中的休闲体育发展创新

一、大城市休闲体育发展创新

(一)建设城市休闲体育文化圈

大城市的群众性体育活动的开展是以社区为活动区域和范围的,在城镇化的发展过程中,不同城区的文化不同,不同社区的文化也不同,单纯从房价来看,高档社区与一般社区的居民的体育活动内容、方式选择是不同的;从年龄来看,以白领人群为业主的社区与有历史的企业单位职工家属院的体育活动内容、方式选择也是不同的。

针对不同的社区体育特点,可以建设各具特色的社区体育文化圈,围绕不同社区体育运动项目会产生相应的亚文化圈,进而形成一定的亚文化群体,相应文化群体都会有一定的圈内语言、服饰风格,从而形成独特的体育风格。

从个体的社会性发展来看,个体会受到其群体文化的影响,其日常用语、服饰、发型等各方面会有一定的亚文化特征,在休闲体育活动参与方面,会随着该文化圈内的体育团体、体育骨干、体育明星的体育运动项目和体育文化活动参与的变化而变化,并且这种亚文化会成为他们生活的重要组成部分。

基层社会体育组织部门应以社区为依托,充分促进城镇不同特点的社区休闲体育文化圈的建设,并通过这种体育文化圈去影响周围的居民,同时,还要促进不同体育文化圈之间的相互交流与合作。

(二)开发丰富的休闲体育活动内容

随着我国城镇化的发展,城市的发展空间要远远多于农村,越来越多的年轻人开始涌入大城市去奋斗,跟随着一些年轻人在

第三章 社会发展新背景下的休闲体育发展

大城市成家立业,很多人的父母也迁居到大城市去居住,大城市的人口数量在持续不断地增多,体育参与需求也在不断增长,为了满足不同人的多样化的体育休闲、健身、娱乐需求,必须充分利用城市有利的场地、场馆、城市体育文化建设良好等条件,开发丰富多彩的休闲体育活动内容,满足广大城市居民的体育参与需求,具体可以从以下几个方面入手。

(1)改造现有体育运动项目,如通过简化技术、规则,降低动作难度等使其适应更多社会大众参与。

(2)引进新兴体育运动项目。结合各城市、市区、小区的实际情况,引入当下较为流行的休闲体育项目内容。

(3)开发民族、民间传统体育运动项目。将农村广泛流行的休闲体育运动内容和传统体育活动内容引入城市,在城市推广。

(4)鼓励市民积极参加户外运动,开发户外运动项目,倡导市民走出城市,走进大自然中去参加休闲娱乐健身。

(三)城镇休闲体育活动的多层次开展

现阶段,我国各级城市、乡镇的体育活动主要是依靠基层行政组织和体育组织开展,其优点在于各基层组织最了解本地区居民的休闲体育爱好和特点,也最了解本地的体育实际开展条件,因此能有针对性、因地制宜地开展各种休闲体育活动。但是,也必须认识到,随着我国城镇化的不断发展,城镇人口持续不断增多,而基层行政组织、体育组织的机构数量和工作人员数量并没有很明显的扩充,这就导致了部分城镇体育活动甚至处于没有人组织和管理的状态,一些文化站虽然配体育专职干部,但由于居民众多,休闲需求各异,仅依靠少数的体育专职人员来指导、组织和开展体育活动非常不现实。

在休闲体育方面,针对我国城镇体育活动组织与管理的机构与人员有限的现状,应促进城镇休闲体育活动组织方式与形式的转变,促进城镇休闲体育活动的多层次开展,具体来说应做好以下工作。

(1)各级政府,发挥主导作用,引导体育爱好者成立体育社团。

(2)在各体育团体的发展过程中,政府应给予政策扶持、经济支持。

(3)社会体育团体应加强自我休闲体育活动组织与管理的自主发展能力。

(四)丰富城市文化,突出城市特色体育

文化是一座城市的独特印记,现代城市高楼大厦鳞次栉比,但"千城一面"毫无特色。[①] 不同的城市具有不同的城市文化,不同城市的原居民在长期的城市发展历史中所形成的生活意识和观念不同,每一个地方的居民对休闲体育参与都有其独特的看法。如草原城市的马上体育文化、山东潍坊的风筝文化、老北京的蹴鞠文化等,各个城市的传统体育应与城市文化发展相结合,打造城市特色体育文化。

(五)建设壮大城镇休闲体育指导队伍

正如前文所提到的,我国基层人民群众的休闲体育参与缺乏科学指导,专业的体育指导员数量有限,要进一步提高城镇居民的休闲体育意识与技能、丰富人们的休闲体育知识,就必须投入更多的人力予以指导支持。

目前,我国经济发达的大中城市体育辅导站、活动站的数量持续不断增多,各站点都配备了体育指导员,但体育指导员水平还有待提升,需要一批高水平的体育骨干队伍。小城镇的体育服务站点少,指导员短缺和水平不高的问题更加凸显,这就严重制约了我国休闲体育的进一步普及与推广。

因此,现阶段,当务之急,就是进一步加大休闲体育宣传,帮助更多的城镇居民建立休闲意识、体育意识,并能积极投身到休

---

① 单凤霞,郭修金. 生态文明:城市休闲体育发展的必然选择[J]. 体育学研究,2019(1):62.

闲体育活动中来,并在参与休闲体育活动的开始阶段,能接触到科学的指导。

(六)完善城镇休闲体育场地设施建设

与农村相比,我国城镇的体育场地设施是非常完善的,但多用于一般性体育健身,还有一些场地场馆面向市民开放,但开放程度低,闲置率较高,此外,场地设施会在节假日出现"拥堵利用"的现象。

当前,我国全民健身持续推进,尤其是大中城市在城市森林公园建设方面投入了大量的人力、物力、财力,市民有了更多的休闲体育参与场地,与小城镇相比,大中城市的休闲体育消费场所和服务也很多,但是,经常参与休闲体育消费的人数毕竟是少数,而短期内,我国城镇要想增建大量的休闲体育场地设施是不现实的,城镇人口饱和,城镇发展空间有限。在这种情况下,要进一步完善城镇休闲体育场地设施建设,就必须将工作重点放在加强对现有体育场地设施和资源的利用上,开发和改造现有体育资源,积极调动和发挥机关团体、社区居民、企事业单位和学校的协同建设,实现资源共享,提高体育资源利用率。

二、新农村休闲体育发展创新

新农村是指改善农村居民的衣食住行,不断提高农村人民生活保障的美丽宜居新家园。在新农村建设过程中,农村卫生、环境、医疗、教育等都得到了一些改善,农村人民的生活水平与质量有了显著提高,业余生活也更加丰富多彩,休闲体育活动参与人数增多,但与城市相比,在人数、项目选择方面都有很大差距。

(一)加强休闲体育宣传

行为动机受其价值观的制约和支配,在同样的客观条件下,个体价值观不同,产生的行为也不相同。要促进农民形成休闲体育行为,就必须强化农民体育价值观念,提高农民休闲体育意识。

现阶段,调查显示,我国农村中仍有很多村民的休闲体育意识淡薄,认为那是有钱人的消遣生活,再加上他们生活压力大,农忙时劳动多,农闲时去城市务工也多从事力量型劳务工作,因此在工作之余的时间,更多时候是希望参与静止性的娱乐活动放松身心,参与休闲体育活动的人较少。

针对上述情况,应进一步加强休闲体育宣传,充分利用电视传媒、农村广播等宣传体育观念、提高广大农村人民的体育参与兴趣、积极性、主动性,转变农村人民的体育观念,让他们意识到体育也是一种健康、有益的休闲。

必须指出的是,引导农民积极、主动参与休闲体育,必须站在农民的角度和立场,更好地了解农民的体育认知、体育需求,帮助农民树立正确的休闲体育价值观念,并推动农民休闲体育的行为内化。

(二)推动农村经济发展

从城乡休闲体育发展来看,制约农村休闲体育活动开展的根本因素就是经济发展因素,农村经济发展落后于城市,休闲体育作为一种发展、享受性需求,在农村是一种非必要性需求,只有农村人民生活水平显著提高后,才会有进一步的休闲体育参与需求。

从经济发展与体育文化发展的关系来看,经济发展是推动社会文化发展进步的一个非常重要的前提条件和重要基础。经济的发展可以催发与之相适应的各种社会文化的产生,促进各种文化(体育事业、体育文化)的繁荣。

从经济发展与人的发展关系来看,经济的进步与人的需求从低层次向高层次的发展是成正比例关系的。心理学家马斯洛的需求理论指出,当人的低层次的需求得到满足后,才会进一步产生高层次需求。体育需求高于人的生存、生活基本需求,是高级的发展性需求,在农民的基本衣食住行、医疗、教育等问题得不到解决的情况下,希望农民去参与休闲体育是不现实的。

因此,只有大力发展农村经济,增加农民收入,才能为农民的休闲体育参与创造条件。

(三)立足农村文化与自然环境

新时期,要促进农民休闲体育意识的形成,必须立足农村文化。

长期以来,我国发展农村体育存在一刀切、统一化问题,具体来说,就是在农村体育发展中没有充分考虑广大农村地区的不同差异,各村强调标准统一篮球场、羽毛球场地建设,没有各村的体育特色,不符合农村的体育发展实际。

现阶段,要发展农村休闲体育,就必须立足于农村文化,对农村常见体育项目进行认真分析,重视农村优秀传统体育文化的继承发扬,在各村都开展农民喜闻乐见的休闲体育活动。

此外,发展农村休闲体育,必须结合农民所生活区域的自然生态、自然草坪、天然水系、自然景观和田园风光等自然生态环境,发展与开发适合农村人民所喜爱的、适合在当地发展的自然休闲体育健身项目内容。[1]

(四)发挥榜样作用

在我国农村地区,村干部,村内的意见领袖人物对广大村民的影响是非常大的,要促进农村休闲体育开展,应充分利用当地体育骨干优势,发挥当地体育骨干的能动作用,通过体育骨干影响和带动更多的农民参与休闲体育。

除了农村留守农民,新生代农民工的休闲体育参与也是一个值得关注的问题。和以往的农民以及农民工相比,新生代农民工,受教育程度高,文化水平高,对职业有一定期望值,对物质和

---

[1] 项建民,龚婉敏. 新农村自然休闲体育发展对策研究[J]. 上饶师范学院学报,2013,6(33):81.

精神享受有一定要求;有着与上一代农民工截然不同的生活观、就业观、价值观、世界观。在休闲体育参与方面,新生代农民工的积极性更高、接受能力更强、目的更明确,更容易接受城市体育文化,更亲近城市休闲体育活动,对于新生代农民,应加强城市与农村体育工作的联合开展,积极引导和促进他们参与休闲体育,并为他们的体育活动参与提供各种便利与支持。

第四章　体育发展新愿景下的休闲体育发展

现阶段我国体育事业的发展速度不断加快,国家对体育事业的发展越来越重视,"全民健身"更是上升到国家发展战略的高度。全国范围内的各种形式的体育活动不断在群众中普及、扩散、流行,在"全民健身""大健康观"指导下,我国体育发展呈现出新的发展景象,体育健身成为社会大众生活常态,休闲体育成为全民享受健康生活和提高生活质量的首选活动,大众体育健康教育向下一代传播、传承。随着人民群众的体育参与意识和体育消费意识不断提高,在新的体育发展愿景下,我国体育事业正走向体育促进民生发展、体育促进经济发展、体育促进国富民强的科学发展道路。本章重点就体育发展新愿景下的休闲体育发展方向和路径进行深入分析,并为全体人民群众的多元休闲体育参与奠定思想意识和动机基础。

第一节　休闲体育与全民健身

一、全民健身概述

（一）全民健身的概念

关于全民健身概念,在我国相关政策性文件中有明确的概念描述,《全民健身计划纲要》中明确指出:"为了更广泛地开展群众性体育活动,增强人民体质,推动我国社会主义现代化建设事业发展,特制定本纲要。"指出了全民健身的"群众"主体,"增强人民体质"目的以及"社会主义现代化建设事业"地位。

在"全民健身"一词中,"全民",指全体国民,包括了十几亿中国国民,全民健身是一项体育健身事业,但不仅限于此,还包括以下内容。

(1)全民健身法规法律与组织。

(2)全民健身设施与资源。

(3)全民健身活动与内容。

(4)中国社会体育指导员、各类人群健身。

(5)全民健身效果评价。

(7)全民健身的国际借鉴。

(二)全民健身的分类

随着全民健身的逐渐深入,全民健身的文化内涵和工作内容越来越广泛,对全民健身的分类可以从多个角度进行不同的认识分析,全民健身的具体分类及各细分项的内容见表4-1。

表4-1 全民健身活动内容的分类

分类标准	全民健身内容
活动内容	球类、田径类、操类、舞类、武术类、游泳、体育游戏等
健身者性别	男性健身活动、女性健身活动
健身者年龄	少儿健身项目、青年健身项目、中老年健身项目
活动组织规模	个体健身活动、集体健身活动
目标优先级	体育休闲类(如滑雪、潜水、跳伞等)、休闲体育类(如球类运动)
体育消费	低消费健身、中等消费健身、高端消费健身
是否使用器材	无器械健身、轻器械健身、器械健身
运动强度	小强度健身、中等强度健身、大强度健身
健身范畴	广义的健身(包括锻炼活动、体质检测、运动竞赛等)、狭义的健身(身体锻炼活动)

第四章 体育发展新愿景下的休闲体育发展

（三）全民健身的特点

1. 全民性

全民健身首先就是健身的范围是全民性的，全民健身的范围是极其广泛的，其关注的是我国广大人民群众的健康发展，是国家关注民生、关注大众生活的一个重要表现，同时也是促进社会主义现代化建设、提高人民生活水平、增强人民体质，实现国富民强的战略举措，全民健身惠及几十亿中国人口。

2. 个体性

全民健身强调全体人民群众的健康发展，但这种健身并非标准化的健身生产，而是照顾到每一个中国人民的身心健康和社会性全面发展的需求、特点的发展，是在提高全民体质健康水平基础上的，社会各个阶层的人的个性化健康发展。

全民健身的个体性凸显了对个体特点与发展需求的尊重，不同性别、每一个年龄阶段的人，无论男女老少，无论生活经历、社会阅历、教育背景、职业地位、经济收入等，都能在全民健身事业中，找到适合自身特点和实际情况的健身内容、健身方法、健身方式，都能通过体育健身来促进自我的身心满足与发展。

全民健身，每一个人都应该参与其中，人人都从健身中受益，但人人的健身又表现出不同的特点。

3. 系统性

全民健身的系统性，表现在全民健身活动开展要关注人民体质健康发展的所有相关要素，如体质检测、体育文化、体育竞赛、运动社交等。要通过多方面的体育相关工作的开展，促进人民群众的体育健身事业的全面发展，照顾到每一个社会大众的体育参与需求，使全民健身渗透到每个人的生活、学习、工作中去，使人人都能有所受益。

全民健身的持续推进，需要从国民体质健康检测入手，抓好每一个工作环节，充分处理好全民健身的这些相关要素的关系，不断提高广大人民群众的体育素养，引导广大人民群众科学控制健身过程，科学制订健身计划、科学控制健身运动负荷等，任何一个环节出现问题或者发展不足，都不可能实现真正的健身，任何一个群体、家庭没有接收到健身宣传影响和关注，都不能真正实现全民健身。

全民健身是一个系统化的过程，是一个系统性工程，落实和全面推进全民健身应把握好国家体育健身事业的每一个环节，应该自上而下形成有组织、有层次的组织部门与机构持续推进全民健身，促进每一个人的健康发展。

4. 科普性

体育健身是一个科学参与的过程，需要一定的意识、知识、技能科学学练与指导，在全民健身战略推进过程中，应注意面向全体人民群众的体育健康意识、知识、技能的宣传，提高全民体育健康素养，科普性是全民健身的重要特点。

全民健身，要依靠"人民"的力量来发展，应注重全民健康普及，全民健身，最终要落实到每一个"国民"身上，应注重全民健身参与。体育与健康的科普是全民健身工作开展的一个重要基础。

全民健身的各项知识、技能、文化、相关政策的科普需要政府和大众媒体充分发挥强大的大众宣传力量，影响大众积极学习与参与体育，通过体育来改变个人的价值观和真实的生活状态，提高生活水平和生活幸福感。

二、休闲体育在全民健身中的地位

（一）丰富全民健身内容

休闲体育是大众体育的重要内容，是全民健身运动的重要内容,是一种全民健身新时尚。

休闲体育具有内容丰富、形式多样,不拘形式、运动氛围轻松;彰显个性、追求自我等特点,因此是非常受人民群众欢迎的一类体育运动,通过休闲体育运动的宣传和引导,有助于吸引相当一部分人,尤其是年轻人加入全民健身中来。

在我国健身人群中,老年人群是全民健身的中流砥柱,是我国健身人群中人数最多的一个人群,青少年学生在学校体育和家长的教育下也经常会参与到体育运动中去,青壮年人身体素质处于人的一生中最好的一个阶段,在职场中打拼,有相当一部分人承担着养家糊口的重任,很少有时间和精力参与体育健身,休闲体育运动的特点和运动理念(自由性、文化性、非功利性等)非常适合青壮年人,对这一部分人群具有强大的吸引力,可以吸引青壮年人群加入我国全民健身中来。

(二)丰富大众健康生活观念

相较于健身、养生的运动目的,休闲体育更多了一份自由与娱乐性,运动参与者可以结合自身兴趣爱好和需要参与休闲体育运动,作为对紧张学习、工作的一种节奏缓冲,从某种角度来说,它是作为一种生活态度和方式融入大众体育生活的,有助于丰富大众对体育健康的新的认识,重视自我健康生活质量的提高。

休闲体育让社会大众能真切地体会到健身的益处,让社会大众真正体会到生活的意义与人生的价值,转变体育价值观念,使全民健身得到进一步的开拓。[1]

(三)为全民健身发展增加活力

休闲体育是一种充满活力的体育运动形式,它是体育文化中的先进部分,在全民健身背景下,大力发展休闲体育,有助于提高

---

[1] 邢翡.休闲体育在我国全民健身计划进展历程中的构建与作用[J].品牌,2014(8):43.

整个城市居民的城市广场休闲文化品位。休闲体育在广大人民群众中的发展,有助于转变社会大众的思维方式、生活理念,提高运动参与者在体育健身运动参与过程中的体育人文精神的感染,为全民健身增添活力,同时,推动了城市文化的发展。[①]

休闲体育的参与性极强,不仅表现在身体参与,也表现在文化传播上。当前,丰富多彩、种类繁多的休闲体育是需要人们来发展创造的,不同的地域不同的人对休闲体育的认识不同,如具有一定民族色彩的休闲体育运动正在逐渐地走向大众的视野,正得益于广大人民群众的休闲体育自主参与,在休闲体育自主参与中,人人都是自媒体,通过现代化的传播方式,如微博、微信、短视频等,各种休闲体育内容与形式在快速、便捷的传播下逐步丰富和发展。[②] 大众的广泛参与推动了休闲体育的持续发展,为全民健身增添了发展活力。

(四)我国体育全面发展的动力

将全民健身上升为国家战略,促进了我国体育事业和体育产业的快速发展,并进一步引导全民的体育健身参与,这是一个良性的循环。

休闲体育产业是与健身休闲相关的服务提供、设施建设、器材转变制造等在内的体育产业,同时,与健康、养老、旅游等其他生活性服务密切相关,是社会大众参与体育最直接的一个领域,是体育全面发展的重要动力。

新时期,作为一种健康时尚生活,休闲体育活动参与成为大众重视自我健康发展和提升生活幸福指数的一个重要途径与方式,其极大地满足了广大人民群众日益增长的体育需求,有助于全民大健康观念的建立,这也就为休闲体育的进一步纵深发展、进一步挖掘和释放人民群众的体育消费能力,全面实现全民健身

---

① 崔李丹,朱文雅.社区广场休闲体育文化建设的新思路[J].当代体育科技,2013,3(33):118.
② 彭硕.新媒体视角下休闲体育的传播等[J].新闻爱好者,2017(10):95.

与全民健康的深度融合奠定了社会体育文化发展基础,有助于促进体育产业结构的优化与合理布局,倡导全民健身新时尚,进一步推进我国体育事业与产业的全面发展。

三、全民健身中休闲体育发展的策略

(一)政府主导,全民参与

全民健身和休闲体育的发展都需要政府方面的有效主导与推动,尤其是要把握好全民健身和休闲体育发展的总方向。

在全民健身背景下,要更加广泛地推动休闲体育的发展,促进社会大众更多地参与休闲体育,不断吸引更多的社会大众积极参与到休闲体育运动中来,将休闲体育作为日常健身和娱乐休闲的一个重要和有效途径,作为提高生活质量的一个有效方法,就必须要依靠政府加强宏观体育健身、休闲宣传,提高大众体育参与意识,提高大众建立休闲运动观,为大众参与休闲体育奠定健康动机。

此外,从全民休闲体育来说,政府要做很多工作,如加大休闲体育政策支持、加大政府在休闲体育发展方面的财政投入力度、加大休闲体育基础设施建设、科学制定大众休闲体育宏观发展规划和法制法规、发挥政府对大众休闲体育文化产业的宏观管理和协调调控功能等,总之,政府在全民健身过程中的休闲体育推广方面有众多的工作要做,这些工作都是宏观指导性的,对于休闲体育的发展具有重要的意义。

(二)以人为本,协调发展

休闲体育运动的科学化发展,应真正落实到"全体人民"身上,体现全体人民群众的体育参与意识和休闲体育运动参与与发展需要。在全民健身的背景下,休闲体育的发展应突出服务群众的宗旨,实现服务、设施的"为民所用",以满足广大人民群众在休

闲体育运动参与过程中的需要。①。

此外,鼓励广大人民群众到自然环境中去积极参与休闲体育运动,将人文与自然有机结合,促进休闲体育运动中人的科学发展,也促进体育人文与自然生态环境的和谐发展,真正通过休闲体育意识的提高和实践参与来改善人民群众的生活态度、生活环境、生活水平、生活质量。

(三)科学规划,整合资源

相较于体育发达国家,我国的社会体育发展较为落后,全民健身在我国开展的时间也不算很长,人民群众的体育意识、体育参与动机、体育消费观念也是在近几年才有了明显的转变,休闲体育走进大众生活的时间并不长,休闲体育的未来发展和真正走进大众日常生活,使十几亿人口从休闲体育运动参与中受益需要一个漫长的过程,休闲体育属于体育范畴,其依赖于大的社会环境,尤其是体育环境的发展。

从当前全国范围的体育设施建设来看,我国各地区的休闲体育开展的环境与条件有很大的差异,大部分地区的休闲体育发展主要受限于相应的体育资源的发展,具体来说,主要受经济因素的影响,我国各地区的贫富差异明显,纵使是在全民健身背景下,我国各地都积极加强体育基础设施建设,但是,在休闲体育相关体育设施、服务方面,很多地区做得还不到位,一般性的篮球场地、乒乓球台、广场空地等能基本满足人民群众的日常体育健身,但是在休闲体育参与方面,缺乏体育设施与服务支持。

休闲体育的发展是较为长远的,需要一个长期而有效的发展机制来辅助获得更好的发展,当前,我国很多地区尚不具备这些条件。②

为解决当前休闲体育所分配到的体育资源过少的问题,应从

---

① 夏丹丹. 全民健身视角下合肥市休闲体育公园建设研究[J]. 科学大众(科学教育),2019(1):191.

② 张易虎. 我国休闲体育的发展现状及对策研究[J]. 当代体育科技,2018(29):167.

政府层面入手加大休闲体育发展力度,充分调动整个社会的休闲体育发展积极性,充分利用整个社会体育资源发展休闲体育,推动体育公共机制改革,使得更多社会体育资源流入体育资源欠发达地区,实现不同地区的休闲体育资源共建、共享,不断促进休闲体育的更广泛发展。

第二节 休闲体育教育教学发展

一、体育教育概述

(一)体育教育的目标与任务

1. 促进学生体质健康发展

学校体育的本质决定了学校体育必须为提高学生的体质健康水平服务。提高学生的体质健康水平是学校体育教育的基本目标与任务。

2. 促进学生心理健康发展

体育教学有利于学生的身心健康发展,这是学校体育教育的重要作用,也是学校体育教育的重要目标与任务,学校是培养全面发展人才的地方,合格的人才不仅要有健康的身体还要有健康的心理,体育教育教学是学校教育的重要组成部分,应通过体育教学活动的开展促进学生的心理健康发展。

3. 提高学生社会适应能力

《中共中央国务院关于深化教育改革全面推进素质教育的决定》强调要"增强青少年适应社会生活的能力"。从社会文化的视角来看,体育的实质是对社会生产和社会生活的一种模拟,在学校体育教学中,要特别重视提高学生的社会适应和发展能力。

4. 提高学生的终身体育能力

国家相关文件中一再强调学校体育教育教学应重视学生的终身体育教育,如2001年颁发的《体育(与健康)课程标准》指出:"学校体育是终身体育的基础"。2002年的《全国普通高等学校体育课程教学指导纲要》指出使学生"基本形成终身体育的意识"。2003年的《普通高中体育与健康课程标准》指出要"奠定学生终身体育的基础"。2007年的"中央7号文件"规定学校应安排必要的体育课时间。《全民健身计划纲要》系列文件也指出了学校体育教育在终身体育发展中的重要地位和作用。

终身体育是体育发展和社会发展对学校体育教学的客观要求,是学校教育的一个重要目标。

(二)体育发展对体育教育教学的影响

1. 体育发展使人们重视全民健身、重视体育教育

为全面增强人民体质,向世界体育强国迈进,我国在20世纪末推出"全民健身计划",全民健身计划以全国人民为实施对象,以青少年和儿童为重点,学校要全面贯彻党的教育方针,努力做好学校体育工作。发展体育,促进全体人民群众的身体素质的发展,青少年学生是一个不可忽视的群体,而学校作为青少年学生群体接受教育的重要场所,有责任和义务关注和促进青少年学生群体的健康成长。

2. 体育发展对体育人才需求的日益增长促进了体育教学的发展

2008年,北京奥运会的成功举办大大刺激了中国体育事业的发展,激发了全民对体育事业的热情。此后,随着我国经济的发展,体育产业发展迅速,体育人才需求增加,2022年北京—张家口冬奥会日益临近,我国竞技体育以及奥运赛事带来的体育产业发

展契机,使得体育人才发展需求进一步增加,进一步促进学校培养更多的体育人才。

二、休闲体育纳入学校体育教育的必然

(一)学生休闲体育发展需求

从生理学来看,学生群体正处在人生中最需要实现生长发育、健康成长的阶段,在学生时期积极参与体育健身有助于促进学生的健康发育与成长,通过学校体育教育可以促进体育的多元价值实现,促进学生健康全面发展。

对于个体来说,无论男女老少,身体健康都是个体生活、学习和工作的重要基础和前提,学生学习与工作的重要前提就是拥有健康的身体,将休闲体育活动纳入学校体育教育有助于丰富学生的体育活动参与内容与形式,可以提高学生参与体育运动锻炼的积极性与主动性,以保持身体健康和拥有健康体魄。

学校是体育教育的重要基地,是培养各方面素质全面发展的人才的重要教育场所,学校是全民健身面向学生群体的体育教育的一个重要基地,学校体育教育是全民健身的一个重要工作环节。学生对健康体质的需求和多元化体育生活的参与是学生在校期间积极参与体育、融入全民健身的一个重要表现。学校体育教育应满足学生的这种体育需求。

(二)学校体育教育的创新发展需求

1. 体育教育发展的需要

学生群体,他们的大部分时间是在学校中度过的,学生养成积极健身的良好习惯也是在学校中完成的,学校应积极落实国家各项教育政策,并积极响应国家号召促进学生健康发展。全民健身下的体育教育,学校应重视培养学生的体育参与意识,引导学生关注体育运动,培养学生的体育兴趣,鼓励学生积极参与体

健身锻炼,并为学生在校期间的体育健康参与奠定良好的物质条件和文化环境基础。

2. 体育课程内容丰富的需要

休闲体育是体育中一个非常重要的类别,具有较强的健身性、娱乐性,对学生群体有非常强的吸引力。

纵观我国学校体育发展,我国各级各类学校中的体育课程内容主要是田径、三大球、三小球,从小学、中学、高中,一直到大学,体育课程教学内容几乎没有变过,与中小学相比,大学的体育课程内容较为丰富,但是由于师资、场地设备等问题,重点开展的体育课程内容仍然以田径、三大球、三小球为主。

新时期,在我国学校体育教学的不断改革深化的进程中,学生喜欢体育但不愿意上体育课的现象越来越引起各方关注,通过不断丰富体育课程内容,来提高学生的上课积极性是一个十分有效的途径。

休闲体育涵盖的项目多、内容丰富,趣味性强,而且其中的很多运动项目都是学生走出校门、走进社会之后仍然可以用于健身、怡情、彰显个人品位和促进社会交际的活动,因此,学生关注度高、参与积极性也高。

总之,休闲体育纳入学校体育课程教学对学校的体育课程内容体系是一个极大的丰富,同时,能促进学生的身心健康和社会性健康发展,并能实现学生的在校体育与社会体育参与的有效衔接,有助于落实终身体育。

三、学校休闲体育教育教学发展策略

(一)拓展休闲体育课程类型和内容

休闲体育运动纳入学校体育教学是一种大胆的教学尝试,休闲体育进入学校体育教学体系,对休闲体育的发展、学校体育的发展、学生的健康发展都是有利的。

第四章　体育发展新愿景下的休闲体育发展

作为一种新的教学尝试,学校休闲体育教育教学缺乏可借鉴的经验,具体的体育教学过程还是主要参考学校传统体育课程教学内容。

在教学课程类型方面,休闲体育可以设置必修课与选修课,学生结合自身的需要来选择相应的课程类型,由于休闲体育运动内容多、受局限性小的特点,还可以结合本校实际开展拓展性休闲体育课程,进一步提高学生的休闲体育参与热情。

在具体的休闲体育课程内容确定方面,应以学生的生理、心理特点和学生的兴趣为主要依据,合理安排休闲体育教学内容,以提高学生的选课率。

(二)科学选编休闲体育教材

作为一类新兴的体育教学内容,休闲体育运动中的许多运动项目在高校课堂教学中的引入都缺乏专业的课程教材。

体育教材是体育课程教学开展的重要依据,如果没有相应的运动教材,教师就无法规范化地开展具体的休闲体育运动项目的教学。很多时候,学校的休闲体育运动教材都是各校体育教师自己选编的,教材质量难以得到保障。而国家编制的学校休闲体育教材涉及的内容缺少,即使涉及一些当下受欢迎的休闲体育运动项目,内容不多,而且不够深入,往往是一带而过。教材成为制约学校休闲体育教育教学持续发展的一个重要问题。

当前,各校体育教师应尽量在结合统编休闲体育运动教材的基础上,广泛收集相关休闲体育运动项目的专业性资料、信息,整理出适合本校实际、本校学生特点的休闲体育运动项目选编教材或教材参考材料。在选编休闲体育教材过程中,应突出以下特点。

(1)实用性。重视休闲体育的健身性、文化教育性和使用指导性。

(2)系统性。必须充分考虑到学生学习与教师传授的递进关系,编排出系统性较强的休闲体育教材。

(3)科学性与可接受性。充分考虑具体的休闲体育运动项目的教材内容是否适应学生的身心发展、兴趣爱好以及个性发展的需要。

(4)基础性和代表性。注意选择最基本、最常用、最受学生欢迎的休闲体育运动项目和活动内容。

(5)地方性与学校特色,突出本地区、本学校的休闲体育文化特色,充分体现地方体育教学特色与优势。

(三)提高教师专业教学水平

目前,我国关于休闲体育方面的体育教师数量较少,以高校为例,一些开设了休闲体育运动项目教学的院校,具体项目的教学老师通常是由相邻相近项目的体育教师兼任,还有相当一部分教师是通过短期学习培训之后跨项目担任教学。休闲体育的教学质量难以得到保障。

新时期,要促进学校休闲体育教育教学的发展,加强教师队伍建设是一项非常重要的工作内容,具体应做好以下工作。

(1)严格遵守教师上岗制度,尽量要求同项目、同类项目专业毕业的学生或有关项目运动员担任教师。

(2)加强在职体育教师的休闲体育教学培训。

(3)通过多种渠道为年轻的体育教师提供进修、培训机会。

(4)培养有责任感的体育教师队伍,提高教师的理论水平。

(5)重视培养和引进经验丰富、高学历、富有创新意识的体育教师。

(6)鼓励体育教师促进学校休闲体育教育教学改革、创新。

(四)课内外休闲体育活动一体化

课外休闲体育活动是学校休闲体育课堂教学的延伸,能够对学校休闲体育课程教学起到积极的辅助作用,以此来取得良好的教学效果。

要在学校体育教育教学系统中持续不断地实现休闲体育教

第四章　体育发展新愿景下的休闲体育发展

育教学的良好发展,学校充分认识到在课余时间积极开展休闲体育的作用和地位,加强对课余休闲体育活动的工作力度,实现休闲体育课程教学的课内外休闲体育活动一体化,具体应做好以下工作。

(1)学校应该定期或不定期地组织学生的休闲体育活动参与,组织学生走出校园、走进大自然,拓宽学生的体育参与眼界,提高学生的休闲体育参与意识与能力,丰富学生的休闲体育参与经验。

(2)学校应鼓励教师积极参与休闲体育的课外活动,将课余休闲体育指导工作纳入教师职称和考核工作中。同时,建立合理的激励机制,给予教师与课堂教学相同的报酬。

(3)教师应关注本校休闲体育活动开展情况,通过组织学校休闲体育活动、兼任学校休闲体育俱乐部指导教师或顾问,积极宣传休闲体育的价值,鼓励和引导学生积极参与休闲体育。

(4)学校应通过积极的政策,鼓励校内休闲体育协会、休闲体育俱乐部、休闲体育代表队开展各种休闲体育活动,鼓励学生积极参与其中。

(五)营造良好校园休闲体育文化氛围

要促进和实现休闲体育在学校体育教育教学系统中的良好发展,学校应积极营造良好的休闲体育文化氛围,引导师生关注和参与休闲体育,并提高他们休闲体育参与的积极性,如此才能为学校休闲体育课程设置、选课、教学开展奠定良好的师生基础,才能为休闲体育运动在学校的发展提供一个良好的教学氛围与环境。

相较于传统体育课程教学,休闲体育对教学的时间与空间要求更高,需要学校在体育资源方面的投入更多,有很多学校虽然将休闲体育引入了体育课堂教学中,但是仍然像传统体育教学那样,教学内容还仅仅停留在技术表象上,没有深入到休闲体育内在意蕴和精华中,对于休闲体育文化中的休闲体育意识、休闲体育精神、休闲体育价值观、休闲体育社会意义等涉及不多,仅局限于具体运动技术教学,这就大大影响了学校师生参与休闲体育教学活动的积极性。

为进一步促进学校休闲体育运动及其文化的发展,应注重校园休闲体育文化氛围的营造,通过校园宣传媒介积极宣传休闲体育文化,定期或不定期举办休闲体育文化活动,使整个校园具有良好的休闲体育参与氛围,为休闲体育教学活动的持续、高效开展奠定良好的文化环境基础。

(六)关注学校休闲体育教学安全

体育运动教学中存在许多不安全因素,而休闲体育会涉及许多户外运动项目与活动,不安全因素会更多,在学校休闲体育教学过程中,应重视教学安全,具体应做到以下几点。

(1)要重视学生的休闲体育安全意识的提高,要在每一次休闲体育运动课的教学中,尤其是在正式运动前都要进行安全教育。

(2)在学生参与休闲体育运动的过程中,时刻关注学生,给予学生必要的休闲体育运动安全提示。

(3)注意在做一些危险技术动作时,对学生实施必要的保护。

(4)在日常休闲体育运动教学中,应重视将自我安全与运动保护的技巧与方法传递给学生。

第三节　休闲体育与体育旅游的融合发展

一、体育旅游概述

(一)体育旅游的概念

体育旅游是"体育"与"旅游"的有机结合,将旅游活动作为"体育活动"的形式或载体时,体育旅游又可定义为一种以旅游活动为主要活动形式和载体,来进行的一种体育活动。

第四章 体育发展新愿景下的休闲体育发展

(二)体育旅游的分类

随着体育旅游的不断发展,体育旅游更加普遍和深入地走进社会大众的日常生活,体育旅游的内容与形式也更加丰富与多样。从体育旅游概念和属性出发,结合体育旅游实践以及特征,又可将体育旅游细分,如图 4-1 所示。

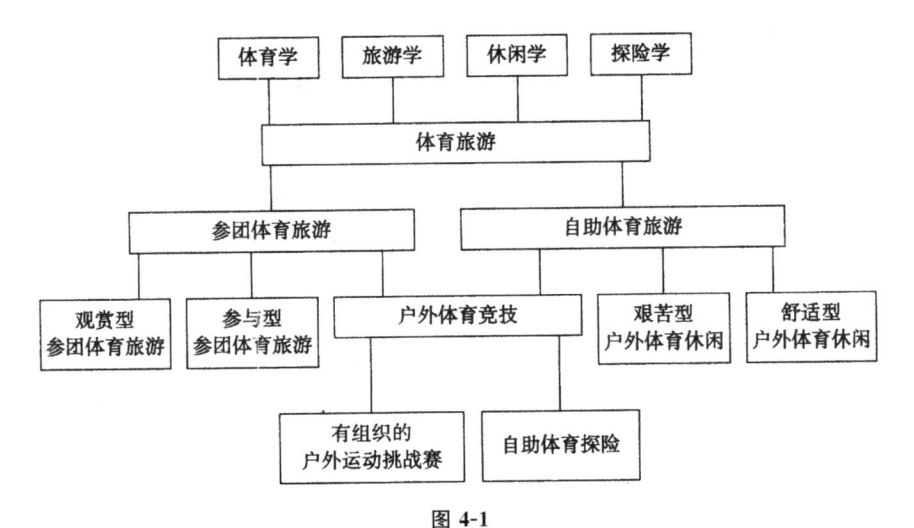

图 4-1

在体育旅游的分类中,休闲体育是体育旅游消费者的一个重要的旅游内容与形式选择,多样化的旅游内容可以满足体育旅游消费者的不同旅游需求与体验(如观光、探险、自我挑战、自我娱乐等)。

二、休闲体育旅游的科学化发展策略

(一)发展经济

发展经济,增加人们收入,是促进休闲体育旅游发展的最根本的措施。

休闲体育旅游是一种发展性的消费,而不是生活必需的,只有人们的生活水平获得提高,在拥有了基本生活生存资料的基础上,才会考虑发展性需求的满足。如果人们吃不饱穿不暖,生活没有达到小康水平,还在温饱线上挣扎,还在为养家糊口、父母养老、子女教育发愁,也不可能有剩余的金钱、时间、精力去参与休闲体育旅游。

因此,要促进休闲体育旅游发展,仅仅靠"喊口号"是不行的,必须要实实在在地不断提高人民群众的经济收入与生活水平,这样人们才能有更多的经济支出和自由时间用于休闲体育旅游。

(二)加大宣传营销力度

随着我国社会经济的不断发展,我国民众的体育健康意识有了显著的提高,体育消费观念也发生了很大的变化,但是,新时期,从全国体育旅游发展现状来看,体育旅游人群在全国人口中的比例还是比较低的,主要是高收入人群,一般社会大众的体育旅游缺乏实践推动因素,不仅局限于经济现状下的体育旅游经费支出有限方面,面对非必要生活需求的体育旅游,还有相当一部分社会大众认为它是奢侈性消费,在体育参与方面,平时多参与社区体育健身,偶尔参与户外休闲体育活动已经是非常不错的体育生活态度与生活方式了,专门性的体育旅游计划和体育旅游支出很少考虑。

现阶段,要进一步促进休闲体育旅游的发展,在不断发展经济,促进人民生活水平不断提高的基础上,应加大休闲体育旅游的宣传力度和营销力度。

(1)政府应鼓励和扶持休闲体育旅游市场的发展,在社会体育发展过程中重视休闲体育旅游的宣传,包括政策宣传、法律法规宣传和大众媒体宣传。

(2)旅游部门加强宣传,通过舆论导向使人们对这种新兴的旅游产品有更深入的认识,使人们的体育旅游消费行为从潜意识状态转变为有意识的自觉行为。

(3)相关体育旅游企业要想实现自身的市场价值,就必须加强企业休闲体育旅游文化宣传,并结合具体市场环境与消费群体加大市场营销力度,运用多种宣传促销形式(歌曲、广告、影视、互联网等)提高休闲体育旅游产品和服务的影响力、扩大休闲体育旅游产品与服务的覆盖面。

(三)细分体育旅游市场

任何市场都有其所对应的市场消费主体,休闲体育旅游市场也不例外,受性别、年龄、职业、社会地位、文化程度、身体素质、个人阅历等因素的影响,体育旅游者的旅游需求各有不同,不同消费群体的需求存在明显的差异化。

对于休闲体育旅游市场中的企业主体来说,要想在市场竞争中获胜,就必须要明确自己企业所提供的休闲体育旅游产品和服务所对应的体育消费群体,深入全面分析目标市场的休闲体育旅游消费者的特点,在休闲体育旅游市场的产品与服务的开发与提供过程中,应以体育旅游者需求为基础,通过市场细分开发产品与服务,从体育旅游者的偏好出发为其提供个性化服务,以为休闲体育旅游消费者提供更好的消费体验。

(四)打造特色休闲体育旅游产品与服务

1. 凸显民族特色的休闲体育旅游

民族传统体育活动都蕴含了深厚的民族文化,我国少数民族众多,每个民族都独具特色,从而诞生了具有不同民俗风情的民族传统体育项目,为发展民族特色休闲体育旅游奠定了良好的内容基础。

针对我国丰富多彩、各具特色的民族传统休闲体育活动,应与当地的民俗风情、秀丽自然环境有机结合起来,让丰富多彩的民俗文化吸引更多的城市体育消费者和其他地区的体育爱好者来体育旅游目的地了解民俗文化,参与民族体育活动,拓宽人们的文化视野,增进体育旅游者对民族文化风俗的认识,发展民族休闲体育旅游。

2. 山地户外休闲体育旅游

我国地域广阔，自然地理地貌环境丰富复杂，丰富的山地户外体育旅游资源为我国山地户外休闲体育旅游的开展奠定了坚实的物质基础。

政府方面，如通过对一些大型的户外运动赛事进行宣传报道，驴友可以通过专门通道进行免费报名，为目的地做足了充分的形象宣传，促进山地户外体育旅游市场的进一步发展。

相关体育旅游企业，可以专门针对户外山地运动者的"发烧友"和潜在运动爱好者推广相应的户外运动休闲体育运动参与体验服务，吸引目标消费者参与山地户外休闲体育旅游。

3. 滨海休闲体育旅游

我国具有非常长的海岸线，具有丰富的水域资源，滨海休闲体育旅游资源丰富。

我国滨海体育旅游资源丰富，但"每一片海都有不同的美"，不同地区的滨海旅游文化不同，应注重滨海体育旅游文化内涵的挖掘与丰富，创建滨海体育旅游品牌，可以在滨海旅游区内定期举办各种级别的滨海综合体育运动会，吸引来自全国各地以及世界各地的人们，使消费者能够准确地识别出滨海体育旅游品牌，并通过与自身体育旅游的兴趣与爱好匹配，选择合适的休闲体育旅游的目的地。

此外，就我国目前的滨海休闲体育旅游来看，在市场开发上，滨海体育旅游的重点大部分集中在国际客源上，忽视了充满活力、具有巨大潜力的国内市场和本地消费需求，体育服务基础设施一味追求高档次、高层次、高价目，无异于将很多国内消费"拒之门外"。

现阶段，我国滨海体育旅游作为一个新兴的体育旅游产业，需要完善自身的经营体制，加大建设滨海体育运动相关设施的投入，加强对人才的培养。

4. 冰雪休闲体育旅游

以我国 2022 年北京—张家口冬奥会为契机,大力发展冰雪休闲体育旅游。

我国滑雪场比较集中的地区在东北地区的黑龙江、华北地区的北京以及西北地区的新疆,主要和地理环境的优势有一定关系。我国西南沿海等地由于气候的客观因素,很难形成天然滑雪场,但可以建造室内滑雪场,满足广大人民群众的滑雪需要,并在冰雪体育活动中培养大众冰雪休闲体育旅游动机与行为。

第五章　休闲体育科学参与理论指导

休闲体育活动能切实促进运动者的全面发展,而良好休闲体育运动效果的获得必须建立在科学运动实践活动基础之上,科学的休闲体育参与可以"事半功倍",而不科学的休闲体育参与只能是"事倍功半",甚至还有可能因为运动过程中的操作不当而诱发运动伤病,损害健康。本章重点就运动者参与休闲体育过程中的运动营养消耗和补充、运动疲劳产生与有效消除、运动伤病的正确处理等问题进行详细解析,以为运动者科学参与休闲体育运动实践、获得良好运动休闲效果奠定理论知识基础,提供科学理论指导。

第一节　运动营养的消耗与补充

一、休闲体育运动中的运动营养消耗

(一)营养与营养素

1. 营养

营养是生命存在的重要基础,如果人体缺乏营养,则机体的活动就会因缺乏必要的物质支持而不能正常工作,可导致机体处于不良、病态状态,严重时可危及生命。

2. 营养素

营养素是人体所需不同的营养物质的称呼,人体所需营养素

约有40余种,共分六大类,即糖类(碳水化合物)、脂类(脂肪)、蛋白质、维生素、矿物质(无机盐)、水。其中,糖类、脂类、蛋白质为人体产能营养素,维生素、矿物质、水是影响人体生理活动的重要营养素。在人体中,不同的营养素的功能不同,人体营养构成比例不同,需求量也不同(表5-1)。维持营养素的正常需求量并科学控制不同营养素之间的比例关系,是确保人体生理活动正常进行的重要基础。

表5-1 人体各类营养素的比例及功能

营养素	体内所占比例（%）	供给热能	构成组织	调节生理功能
糖	1~2	主要功能	次要功能	
脂肪	10~15	主要功能	主要功能	
蛋白质	15~18	次要功能	主要功能	主要功能
无机盐	4~5		主要功能	主要功能
维生素	微量		次要功能	主要功能
水	55~67		主要功能	主要功能

(二)休闲体育运动营养消耗

1. 糖类

(1)营养功能

糖类是人体各项生命活动的最基本的营养素基础,为机体的生理活动提供能量。糖类的营养功能具体表现在以下几个方面。

①供能:糖在体内可迅速氧化及时提供能量。

②构成机体物质:糖是构成机体的重要物质。

③保持体形:糖类对减肥和形体的保持有重要作用。糖类能够促进脂肪代谢,运动减脂需要糖提供能量,节食减肥、降低糖的摄入是不能健康瘦身的,而且容易反弹。

④减少疲劳:糖类通过转化为葡萄糖被吸收,葡萄糖进入细胞可促进血糖储存成肌糖和脂肪,可减少脂肪细胞释放脂肪酸,可减缓疲劳的产生。

⑤节省蛋白质:机体内的氨基酸在合成蛋白质时,需要耗能。蛋白合成中摄入糖类补充能量,可节省部分氨基酸,并促进蛋白质的合成。

⑥保肝解毒:糖与蛋白质结合可形成糖蛋白,肝的蛋白质储备充足可增加肝糖原的储备量,可增强肝对某些化学毒物的代谢。

(2)营养消耗

糖是机体的主要热能源物质,糖类提供了人体每日摄取的总热量的50%～55%,即主要来自人们的主食。参与休闲体育运动可消耗大量的糖,糖的过度消耗可造成机体内的糖原枯竭,严重的糖原枯竭可造成生命危险。

在参与休闲体育运动过程中,如果运动者日常饮食中的糖类摄入不足,会导致水分流失和新陈代谢减慢,不仅会影响运动能力,也会影响正常的生理活动。

2. 脂类

(1)营养功能

①组成细胞:脂肪约占人体总重的10%～14%。脂肪是形成新组织和修补旧组织、调节代谢、合成激素所不可缺少的物质。

②提供能量:脂肪是人体重要的"燃料库",为机体正常生理活动和参与运动提供所需能量。

③促进吸收:脂肪可促进脂溶性维生素 A、D、E、K 等的吸收。

④增进食欲,增加饱腹感:脂肪有利于提高食品的香气和味道,增进食欲。脂肪在胃肠道内停留时间长,可增加机体的饱腹感。

⑤保温作用:脂肪大量储存在皮下,可减少身体热量散失,维

持正常体温。

⑥保护作用：脂肪可固定心、肺、胃、肾等器官，避免器官的运动移位、相互摩擦、缓冲外力冲击。

（2）营养消耗

脂肪是运动中热能的主要来源之一，运动状态下，机体对脂肪的利用和需求量会显著增加，特别是在寒冷条件下或者从事大强度的休闲体育运动时，机体对脂肪的需求量比平时要大得多。

3. 蛋白质

蛋白质是重要的生命物质，也是机体能源物质，蛋白质在人体中发挥着非常重要的作用。

（1）营养功能

①构成和修补人体组织的主要原料。

②参与代谢：各种酶和激素对体内生化反应的调节，维持肌体正常的免疫功能；人体受到外伤后，需要大量的蛋白质对损伤的组织进行修补；维持机体内体液的平衡。

③合成抗体：人体内的抗体由氨基酸组成，它能够识别属于自身的蛋白质和入侵人体的外源微粒（通常为蛋白质）并抑制病毒入侵。

④保持体液和电解质平衡：蛋白质可利用自身的亲水性维持细胞内外的水分，并通过各种物质的运输维持体液结构。

⑤维持体内的酸碱平衡：蛋白质可以作为保持血液正常 pH 值的缓冲物质，维持体内酸碱平衡。但如果体内 pH 值变化过大，超出蛋白质的缓冲能力，则可能导致蛋白质变性，使机体受损。

（2）营养消耗

参与休闲体育运动，机体蛋白质可提供一部分能量，尽管这一部分能量供给与糖类、脂肪相比是非常少的，但是仍然可以造成体内的蛋白质储存量的降低。

此外，作为机体的重要生命物质，在休闲体育运动过程中，体内蛋白质的分解和合成代谢增加,蛋白质的消耗也会大大增加,如果运动中不小心受伤,机体对损伤的组织进行修复也需要消耗大量的蛋白质。

4. 维生素

(1)营养功能

人体维生素种类多,各种维生素充分发挥各自的营养功能,大体可以分为脂溶性维生素(如维生素 A、D、E、K 等)和水溶性维生素(如维生素 B 族、C、PP 等)两大类,每一类维生素确保生理技能的正常运行,使机体处于正常的工作状态(表5-2)。

表 5-2 人体主要维生素的功能

维生素的种类		主要生理功能
脂溶性维生素	维生素 A	维持视力;构成组织营养成分;增强免疫力
	维生素 D	促进钙吸收,骨骼与牙齿及发育
	维生素 E	增强抵抗力;延缓衰老
	维生素 K	促进血液凝固;参与骨骼代谢
水溶性维生素	维生素 B_1	辅助、维持代谢;减缓疲劳;促进胃肠蠕动;强化神经系统功能
	维生素 B_2	维护眼、皮肤、口舌、神经系统的功能;构成酶参与代谢
	维生素 B_6	参加酶反应;参与氨基酸、糖、脂肪代谢;刺激白细胞生成,提高免疫力
	维生素 B_{12}	参与红细胞生长发育;预防贫血;促进人体生长发育;增强体力、记忆力与平衡力
	维生素 C	抗氧化、提高抵抗力;预防动脉硬化;防治维生素 C 缺乏病、牙龈萎缩、出血;解毒
	维生素 PP	促进物质代谢

(2)营养消耗

人体不同种类维生素的功能不同,但由于维生素都具有调节物质代谢、保障人体生理功能的重要作用。在休闲体育运动中,如果运动量大、时间长,可导致体内代谢加速、加强,对维生素的需要量也会增加。维生素的需要量与运动量、机能状态和营养水平有关,剧烈运动可使维生素缺乏症提前发生或症状加重。

5. 矿物质

(1)营养功能

矿物质是人体必需却又无法自身合成的营养物质,根据在人体的含量多少,可分为常量元素(钙、磷、钾、钠、氯等)和微量元素(铁、锌、铜、锰、钴、钼、硒、碘、铬等)两大类。矿物质的主要营养功能是维持、参与机体正常代谢,保持体内环境的动态平衡,确保正常生理功能发挥,并可促进生长发育、增强机体免疫力。

(2)营养消耗

矿物质在人体的存在形式之一是以离子形式存在(电解质),参与休闲体育运动,可导致体液中的电解质的含量变化,电解质在人体的细胞代谢活动中具有十分重要的作用,并且电解质可随着大量出汗而流失,电解质流失过多很可能出现肌肉无力、心脏节律紊乱、肌肉抽搐、运动能力下降、易疲劳等不良运动状态,不仅影响运动效果,而且有引发运动损伤的危险。

6. 水

(1)营养功能

水是生命体存在的重要基础,人体中60%～70%的成分是水,缺水会影响机体健康,没有水人体就无法生存。水的功能简单总结如下。

①构成机体:人体细胞的重要成分是水。

②调节体温:体内的水储备可调节体温,夏季散热不至于中暑,冬季保温避免体温过低。

③补充元素:饮食中的水含有各种矿物质,可补充身体矿物质所需。

④运载作用:体液的运行可运载代谢物质原料和排泄废物。

⑤润滑作用:人的眼泪、唾液、关节囊液和浆膜液等是身体器官良好的润滑剂。

⑥保健作用:多饮水可使小便增多,能加速体内毒素排出。

(2)营养消耗

在参与休闲体育运动过程中,运动者机体水分主要是通过出汗流失的,因此应重视机体水分供给变化情况,科学补充水分,以保持机体的水分平衡。

二、休闲体育运动中的运动营养补充

(一)营养素的饮食补充

1. 糖类的补充

(1)科学补糖方法

运动前补糖:在参与休闲体育运动前数日增加膳食中的糖类含量,或在可运动前的1～4小时每千克体重补糖1～5克。

运动中补糖:每隔20分钟补充含糖饮料或容易吸收的含糖食物,补糖量一般不大于20～60克/小时或1克/分钟。

运动后补糖:运动后补糖的时间越早效果越好。最好是在运动后即刻补糖、每隔1～2小时连续补糖。补糖量以0.75～1.0克/千克体重为宜。

(2)糖类的食物来源与注意事项

个体参与休闲体育运动,对于机体的糖类的补充,可以通过经常吃一些水果、蔬菜和蜂蜜等食物来实现(表5-3)。

需要注意的是,休闲体育运动期间,补糖要控制量,不宜过多,以免造成身体过多的热量堆积,进而导致或引发糖尿病、高血脂等疾病。

表 5-3　常见食物的血糖指数

食物	血糖指数	食物	血糖指数
白米	81±3	黄豆	23±3
大米(糙米)	79±6	扁豆(鲜)	42±6
小米	101	豌豆(鲜)	56±12
玉米(甜)	78±2	利马豆	46
速食饭	128±4	花生	21±12
粗大麦	36±3	粗面条(糙面)	53±7
荞麦	68±3	通心粉	64
燕麦胚	78±3	苹果	52±3
膨化米	123±11	杏脯	44±2
膨化小麦	105±3	香蕉	83±6
裸麦粒	71±3	猕猴桃	75±8
大麦米	49±5	橙	62±6
小麦面粉	99±3	橙汁	74±4
烤豆	69±12	梨	54±4
眉豆	42±6	杧果	80±7
牛奶(全脂)	39±9	芋头	73
脱脂奶	46	蜜糖	104±21
酸牛奶(加糖)	48±1	果糖	32±2
酸牛奶(加甜味剂)	27±7	葡萄糖	138±4
土豆(烤)	121±16	砂糖	84±2
土豆(煮熟)	80±2	乳糖	65±4

2. 脂类的补充

脂肪是人体重要热能的来源,运动者参与休闲体育运动需要体内的脂肪代谢供能,如果脂肪供能不足会导致运动能力的下降。因此,休闲体育运动者应注意脂肪的补充。

脂肪在人日常食用的食物中大量存在,食物中脂肪的动物性食物来源主要是动物油,食物中脂肪来源的植物性食物主要包括植物油、各种果仁(如核桃、榛子、杏仁)、种子(如葵花子、西瓜子)等(表5-4)。

脂肪的补充以身体需求量为主要依据,摄入过多脂肪会增加体重,导致运动速度下降,还有可能会引发各种心血管疾病,因此,无须过多补充。

表5-4 常见食物中脂肪含量(%)

食品	脂肪含量	食品	脂肪含量
猪油	99.5	食油	99.5
肥肉	72.8	人造黄油	80.0
猪瘦肉	35.0	黄豆	16.0
牛肉(肥瘦)	13.4	绿豆	0.8
羊肉(肥瘦)	14.1	花生	48.0
草鱼	5.2	核桃仁	62.7
鲢鱼	3.6	芝麻	39.6
带鱼	4.9	杏仁	54.0
大黄鱼	2.5	燕麦片	6.0
鸡肉	9.4	面包	0.5
鸡蛋	10.0	苹果	0.3
牛奶粉(全脂)	21.2	油菜	0.5

3. 蛋白质的补充

运动者参与休闲体育运动期间的蛋白质补充可以通过食物摄取,在一般人的日常摄入的食物中,大都含有蛋白质,奶制品和每餐不同豆类及谷物中含有大量的蛋白质,蛋白质的补充可以从各种食物中获取(表5-5)。

蛋白质补充,应特别注意两点,其一是注意优质蛋白的补充;其二是蛋白质在体内不能贮存,摄入过量的蛋白质并不能完全吸收,可导致发胖,并可引发多种疾病,严重者还会因代谢障碍产生蛋白质中毒死亡。

表 5-5 常见食物中的蛋白质含量(克/100 克)

食物	蛋白质含量	食物	蛋白质含量	食物	蛋白质含量
牛奶	3.0	猪肝	22.7	猪后臀尖	14.6
酸奶	3.1	猪腰	15.2	猪后肘	16.1
鸡蛋	13.3	牛肚	12.1	猪前肘	15.1
猪瘦肉	20.2	小麦粉	10.9	猪五花肉	14.4
牛瘦肉	19.8	大米	8.0	猪奶脯	7.7
羊瘦肉	17.1	玉米面	9.2	猪肘棒	16.5
鸡肉	19.1	黄豆	35.6	牛后腿	19.8
鸡腿	17.2	豆腐	11.1	牛后腱	18.0
鸭肉	17.3	红小豆	20.1	牛肝	19.8
黄鱼	20.2	绿豆	20.6	牛蹄筋	38.4
带鱼	21.2	花生	26.6	素什锦	14.0
鲤鱼	18.2	香菇	20.1	酱豆腐	9.7
鲢鱼	17.4	木耳	12.4	羊后腿	15.5
对虾	16.5	海带	4.0	羊前腿	19.7
海蟹	12.2	紫菜	28.2	鸡肝	17.4
臭豆腐	14.1	毛豆	13.0	鸡心	15.3
腐竹	44.6	豌豆	8.5	蚕豆	25.8
油豆腐	18.4	西瓜子	32.3	豌豆	20.0
油豆腐丝	24.2	葵花子	22.6	素鸡	17.1
白豆腐丝	22.6	榛子	30.5	猪肠	6.9
熏豆腐干	15.8	核桃	15.2	兔肉	19.7
黑芝麻	17.4	栗子	4.1	松子	14.1

4. 维生素的补充

由于维生素在人体内不能合成,而且维生素在人体的储存量少,故而人体必须经常从食物中摄取(表5-6)。一般情况下,如食物供应充足,无须从药物中额外补充维生素。休闲体育运动参与期间,如果机体出现维生素匮乏症状,应及时检查,适时适量补充。

表 5-6 人体主要维生素的食物来源

维生素	食物
维生素 A	动物的肝脏、鱼肝油、鱼卵、奶油禽蛋等
维生素 B_1	动物肝脏、植物中的谷类、豆类、干果及硬果、酵母等
维生素 B_2	动物的内脏、蛋和奶,及豆类、新鲜绿叶菜
维生素 C	新鲜蔬菜和水果
维生素 D	肝脏、鱼肝油、禽蛋等
维生素 E	麦芽、植物和绿叶蔬菜

5. 矿物质的补充

矿物质参与和维持机体正常代谢、生长发育,在参与休闲体育运动过程中,伴随人体的出汗,体内的矿物质会流失,大量电解质丢失会导致机体内稳态失调,进而引起一系列生理生化功能障碍,会降低运动能力。

因此,个体参与休闲体育运动期间,应注重多使用富含矿物质的食物(表 5-7),并在运动过程中通过饮用运动饮料来补充矿物质。

表 5-7 人体主要矿物质的食物来源

矿物质	食物
钙	奶和奶制品,绿叶蔬菜、虾皮、豆类、海带等
铁	动物肝脏、全血、肉类、豆类和绿色蔬菜等
锌	动物性蛋白质
磷	蛋类、肉类、鱼类、豆类和绿色蔬菜等

6. 水的补充

科学补水具体要求如下。

(1)提前预防:提前补水,避免脱水。

(2)少量多次:避免一次性大量补液,以免增加胃肠负担。

(3)补大于失:补液总量应大于失水总量,以便于训练后的体能快速恢复。

(4)补水同时兼顾电解质的补充,可饮用运动饮料。

(二)运动营养补剂

休闲体育运动内容丰富、种类繁多,参与不同的休闲体育活动(如散步、登山、蹦极等)对机体的营养消耗与需求是有着千差万别的,有时长时间、高难度、高强度的休闲体育活动参与对运动者的营养消耗非常大,可达日常娱乐休闲的几倍和十几倍,这种情况下快速、大量补充营养,可通过服用营养补剂来实现。

1. 必需营养素补剂

(1)氨基酸:目前,可作为营养补剂的氨基酸主要包括精氨酸、鸟氨酸、赖氨酸等,补充各种氨基酸可以促进肌肉增长、提高运动水平。

(2)维生素:维生素 C 和维生素 E 是一种必需营养素补剂。从事大强度运动可以补充维生素 C、维生素 E 片剂。

(3)矿物质:摄入矿物质补剂,以增加机体代谢,促进机体发育,补充矿物质时应咨询运动营养师或指导员的建议。

2. 非必需营养素补剂

(1)左旋肉碱

左旋肉碱是一种类似维生素的重要营养物质,是目前运动界常用的一种运动营养补剂,有利于节省肌糖原,维持运动能量平衡,减少乳酸堆积,提高有氧和无氧代谢能力。

(2)胆碱

补充胆碱可促进乙酰胆碱的合成,预防因乙酰胆碱的消耗而引起的疲劳,且不会产生任何副作用。

（3）甘油

补充甘油有了有效改善机体在热刺激的环境条件下的运动能力，提高机体的有氧耐力。

非必需营养素补剂一般是在个体的极限运动状态下进行，营养补剂可以有效维持和提高运动能力，但是不能肆意补充，以免损害身体健康。

第二节　运动疲劳的产生与消除

一、休闲体育运动疲劳诱因

关于运动疲劳的产生有很多原因，个体参与休闲体育运动，在运动中产生运动性疲劳，常见的原因有以下几种。

（一）能源耗竭

有机体参与休闲体育运动，需要消耗体内的能量，如果体内的能量物质消耗到一定程度，就会有疲劳感。这就是运动疲劳产生的能源耗竭学说观点。

休闲体育运动期间，运动者持续的休闲体育运动参与可导致身体内的各种能量持续不断地消耗，这时，在休闲体育运动参与过程中，个体不能一边饮食一边运动，即使是运动期间的营养补充也主要是以补水和运动饮料为主，不能大量地持续摄入营养物质，因此机体的消耗会一直大于机体的营养摄入，当身体内的营养物质储备消耗到一定程度时，机体就会出现疲劳。

（二）乳酸堆积

代谢产物堆积学说认为，运动性疲劳是运动中某些代谢产物在体内大量堆积导致。

研究表明，人体中的糖类物质在消耗供能的过程中会产生相当一部分的代谢产物，这些产物可能对身体的正常生理活动产生阻碍作用。

在休闲体育运动中,糖类和脂肪代谢会产生各种代谢物,以乳酸最多,乳酸在体内大量堆积,可影响机体生理活动,进而导致运动能力下降。

运动期间,有机体体内乳酸大量堆积可导致运动疲劳产生的生理机制如下所述。

(1)血乳酸浓度增加,ATP合成减慢。

(2)乳酸堆积,可抑制糖、糖原的分解或酵解,减少乳酸的代谢运输排出。

(3)乳酸解离产生氢离子,可导致肌肉中pH下降,并影响神经兴奋传递。

机体中,乳酸只是运动代谢产物中的一种,还有其他酸性物质也会影响人体正常生理代谢而导致机体疲劳。

(三)代谢紊乱

与安静状态下的机体生理活动相比,个体参与休闲体育运动过程中机体的新陈代谢水平会发生明显的变化,如果体内的水环境和细胞内环境发生变化,则机体的生理代谢活动就会随之受到影响而发生变化,由于内环境代谢紊乱导致机体的一些生理活动不能正常进行就会产生疲劳。

通常来说,机体代谢紊乱主要是指体内的无机盐的生理活动参与受到影响,即体内离子代谢紊乱。

(1)钙离子代谢紊乱。人体不运动时,体内的钙离子主要是在细胞外存在,在运动过程中,机体对钙的需求量大,可导致原来的细胞内外的钙离子含量浓度发生巨大变化,甚至破坏细胞结构,可导致细胞功能异常,进而导致疲劳。

(2)钾离子代谢紊乱。运动中机体的代谢水平会显著提高,体内很多细胞会在机体的运动参与过程中处于连续的兴奋状态,由于代谢活动的兴奋程度增加,会使参与代谢活动的细胞内外钾离子(K^+)流失增多,没有足够的钾离子参与相应的生理代谢活动,可导致体内糖利用率降低、肌肉缺乏张力。

(3)镁离子代谢紊乱。运动期间可消耗大量的镁,镁离子含量不足可导致细胞代谢障碍。

(四)内环境失调

机体的内环境状态与机体参与不同的活动有密切关系,安静状态下的机体和运动下的机体内环境状态不同。

机体参与运动,内环境会发生很大的变化,这种变化超过机体正常承受范围,可引起机体不适,产生疲劳。

(五)精神抑制

精神抑制的疲劳学说是从运动心理的角度进行研究和提出的学说,其主要分析机体疲劳与个体意志力之间的关系。

具体来说,个体在参与休闲体育运动的过程中,如果机体的身体状况发生了一些变化,由于运动的持续进行使身体感到不适,这种不适感最先在大脑神经系统进行分析,为了防止继续运动对身体造成可能性的伤害,大脑会提前发出指令阻止身体的继续运动,而实际上身体还没有达到必须要休息的程度,是机体对自身的一种精神保护,这时,如果个体具有良好的意志力,克服机体的疲劳感,就可以再坚持参与一段时间的运动。

二、休闲体育运动疲劳消除

(一)注意休息

1. 积极性休息

及时的休息可缓解体内的能量持续的消耗,进而可以起到逐渐消除运动疲劳的效果。在休闲体育运动后,可以做一些放松性的活动,如慢走,其他一些整理性活动等,以使身体从运动状态慢慢过渡到安静状态。

运动者在运动结束后可以选择在活动场地继续进行散步、听音乐、参观游览等。

进行积极性休息,应注意身体活动强度要小,时间要短,最好是熟悉的身体活动。

2. 增加睡眠

睡眠是消除疲劳的最好方法之一,能使身体得到完全的休息。

休闲体育活动参与期间,会消耗大量的身心能量,睡眠不仅有助于运动中的身心能量恢复,还能促进个体的良好作息规律,人体在睡眠情况下,身体的各种器官、生理系统都会降低到很低的一个水平,可大大减少人体的能量消耗,休息中,为机体的能量蓄积提供充足的时间与机会。

运动者应注意合理作息,确保有充足的睡眠时间。一般每天不少于8～9小时,并应安排一定时间的午睡。大运动量的休闲体育活动参与,睡眠时间应适当增加。总之,运动者要养成良好的作息规律。

(二)补充营养

根据运动疲劳产生的相关学说,补充营养,可以延缓和阻止疲劳的发生。休闲体育运动期间,对于身体的各种营养物质的消耗都会超过安静状态下的身体物质消耗,为了避免机体必要营养物质的供应不足可在运动间歇补充营养,以防止和减缓疲劳产生。

(三)物理疗法

1. 理疗

大强度的休闲体育活动之后,可以通过吸氧、空气负离子吸入、沐浴(温水浴、蒸气浴、旋涡浴、海水浴等)等方法,通过外力刺激改善体内环境,提高氧利用率、促进血液循环,进而使身体得到放松,以消除机体疲劳。

2. 光疗、电疗、水疗

实验证实,光疗、电疗、水疗等对促进疲劳肌肉的代谢过程、加速疲劳的消除具有良好的作用。

(四)药物疗法

1. 服用中药和西药

通过服用中药和西药,可以对症下药。对运动性疲劳后的恢复具有良好的疗效并且没有副作用。一般来说,中医药多有健脾益气、补肾壮阳或补益气血功效。西药主要是通过营养补剂和药物刺激来调节机体内环境变化,抑制疲劳。

2. 拔罐

通过拔罐时局部负压作用,可使组织内淤血散于体表,有助于代谢产物的吸收和排泄。

3. 针灸

针灸是中医特色疗法,针对疲劳肌肉上的穴位针灸可消除机体局部疲劳,全身疲劳可扎足三里。

(五)心理疗法

人的心理和机体有着密切的联系,根据疲劳"精神抑制"学说,对于休闲体育健身过程中所产生的疲劳,健身者可以进行自我心理暗示和干预,通过心理放松和意志力来克服疲劳的产生,如此便能有效延缓和减轻自我疲劳感觉。

(六)音乐疗法

音乐是一种有规律的音频波动,通过不同风格和类型的音乐收听,可以引起聆听者不同的生理、心理、情绪变化,进而消除运动疲劳。

首先,音乐声波的频率和声压会引起生理上的反应,声波振动的物理能量,会引起人体组织细胞发生和谐共存,能促使脑电波、心率、呼吸节奏等发生变化进而缓解疲劳。

其次,音乐可引起心理活动和情绪的良性变化,研究表明,舒缓的音乐可以令聆听者的心情放松,能有效缓解中枢神经系统的疲劳,调节呼吸、循环系统和肌肉的功能,使运动者的心绪慢慢恢复至安静状态,有效缓解休闲体育运动期间的疲劳。

第三节 休闲体育运动伤病处理

一、休闲体育运动损伤的处理

(一)擦伤

擦伤,是指皮肤表层与物体摩擦造成损害,在休闲体育活动中擦伤是最常见、最轻的运动损伤。

1. 伤症

擦伤的主要症状有表皮剥脱,并伴有小出血点和组织液渗出。

2. 处理

(1)较轻较小擦伤,在伤后可用清水、生理盐水或者其他外伤药水进行冲洗。

(2)较大擦伤伤口:应在对伤口进行冲洗消毒之后,清除伤口中可能存在的杂质,并再次消毒,最后涂上云南白药,并用纱布或布条进行简单的包扎处理。

(3)关节周围擦伤,固定关节,清洗、消毒、去除异物,涂磺胺软膏或青霉素软膏。

(二)挫伤

挫伤,指在休闲体育运动过程中机体某部分由于受到钝性外力的作用,导致该部分及其深部组织产生闭合性损伤,走、跑、跳、攀爬不当,磕碰摔倒都可能导致肢体挫伤。

1. 伤症

挫伤后,常有组织肿胀、疼痛、出血等症状。

2. 处理

(1)挫伤后即刻:冷敷、外敷伤药,适当加压包扎,抬高患肢,减少出血和肿胀。

(2)肌群严重挫伤:包扎固定,迅速送医。

(3)头部、躯干严重挫伤:观察生命特征,如呼吸、脉搏等,平卧、保温、止痛、止血。

(4)手指挫伤:冷水冲淋。

(5)面部挫伤:24小时内局部冷敷,24小时后热敷,可消肿、祛瘀。

(6)疼痛甚者,口服可卡因,或注射哌替啶。

(7)伴有裂伤,清创,注射破伤风。

(8)伴有休克,先进行抗休克处理。

(9)骨折、牙齿断裂:迅速送医就诊。

(三)拉伤

拉伤产生是因外力影响下的肌肉过度收缩或拉长致伤。在日常休闲体育活动参与过程中,运动者准备活动不充分、动作不协调、疲劳状态下运动、低温下运动,拉伤都是容易高发的运动损伤。

1. 伤症

伤部压痛、肿胀、肌肉痉挛等症状,拉伤部位可摸到硬块。

2. 处理

(1)轻微拉伤:冷敷,局部加压包扎,抬高患肢,24小时以后适当按摩。
(2)严重拉伤:如肌肉断裂,立即送医就诊。

(四)扭伤

扭伤,具体是指关节发生异常扭转,引起关节囊、关节周围韧带和关节附近的其他组织结构损伤。

1. 伤症

扭伤后,会出现关节活动受限和疼痛,关节及周围出现疼痛、肿胀,伤处疼痛、肿胀,韧带损伤处有明显压痛,皮下有淤血,关节活动障碍。

2. 处理

(1)指关节扭伤:冷敷或轻度拔伸牵引轻捏数次,固定伤指。
(2)肩关节扭伤:冷敷和加压包扎。24小时后按摩、理疗或针灸治疗。
(3)急性腰扭伤:停止运动,平卧休息,对受伤的部位进行冷敷消肿。
(4)膝关节扭伤后,止血急救,抬高伤肢,加压包扎,及时送医就诊。
(5)踝关节扭伤:固定踝关节,最好找专业的人士进行处理,受伤一天后可轻缓按摩。

(五)肩袖损伤

肩袖损伤,医学专业术语为肩袖损伤性肌腱炎,该损伤多由肩关节长期超常范围急剧转动、劳损、牵拉、摩擦有关。在休闲体育运动过程中,肩部运动超过关节和肌肉承受能力,可导致损伤的发生。

1. 伤症

肩袖损伤后,肩外展或内旋有疼痛,如果损伤严重,这种疼痛感可放射至上臂、颈部位置。

2. 处理

(1)急性发作,肩关节制动。
(2)适当休息、调整后,物理治疗、按摩和针灸。
(3)肌腱断裂时,立即就医。
(4)损伤情况稳定后,活动手臂、肩肘,促进康复。

(六)关节脱位

关节面失去正常的联系,称为关节脱位。

1. 伤症

出现关节脱位时,会伴有关节囊撕裂,关节周围的软组织损伤或破裂,出现畸形。伤者的主观感觉有疼痛、压痛和肿胀,关节功能丧失,不能活动。

2. 处理

(1)肩关节脱位:用两条三角巾折成宽带,一条悬挂前臂,另一条绕伤肢上臂于腋下缚结。
(2)肘关节脱位:用铁丝夹板置于肘后,用绷带缠稳,再用小悬臂带挂起前臂,或直接用大悬臂带进行包扎固定。固定伤肢后及时复位。
(3)特别注意的是,如不具备复位技术时,为防止再度增加病情,应及时送医处理。

(七) 韧带损伤

1. 膝关节韧带损伤

在休闲体育运动中,腿部运动不当,导致在膝关节处形成一个扭转力,或来自膝外侧的一个向内侧的冲撞力,可导致膝关节韧带损伤。处理如下。

(1) 弹力绷带做"8"字形(内侧交叉)压迫包扎,继续用冰袋冷敷。

(2) 利用棉花夹板固定。

(3) 韧带完全断裂者及时送医院处理。

2. 膝内侧副韧带损伤

休闲体育场地、技术(如跳起落地姿势不佳,急剧转身)等可造成膝关节内翻,引起外侧副韧带损伤。处理如下。

(1) 伤后立即冷敷、加压包扎、制动,减少出血、止痛,以避免并发症。

(2) 伤后24小时,视伤情外敷药或内服药、按摩。

(3) 韧带断裂者:及时送医手术缝合。

3. 踝关节韧带损伤

在参加休闲体育运动中跳起落地时踩在别人的脚上是造成踝关节内旋、足疏屈内翻位的重要原因。处理如下。

(1) 冷敷应急,或用凉水降温止痛。

(2) 严重损伤,及时送医就诊。

(八) 髌骨劳损

髌骨劳损是髌骨的关节软骨面和髌骨因股四头肌张腱膜的附着部分的慢性损伤。

1. 伤症

膝软或膝痛症状,半蹲痛,即在膝屈 90°～150°时出现疼痛,髌骨边缘有指压痛。

2. 处理

(1)调整运动,注意休息。
(2)采用按摩、揉捏、搓等手法依次反复按摩和点压髌骨周围穴位等方法。

(九)腰肌劳损

腰肌损伤,又称腰肌筋膜炎,是一种长期运动性损伤。

1. 伤症

在休闲体育运动参与过程中,由于运动方式方法不限,有可能运动者的腰部长期保持一个姿势而不被发现,长此以往,可导致腰部肌肉过度劳累酸痛。

2. 处理

(1)腰肌劳损后,可理疗、按摩、针灸、口服药物、用保护带等非手术方法治疗。
(2)顽固病例,系统检查,进行手术治疗。

(十)腰椎间盘突出

腰椎间盘突出,又称"腰椎间盘纤维环破裂""腰椎间盘髓核突出",多为外力致伤。

1. 伤症

腰侧剧烈疼痛、痉挛,活动受限。

2. 处理

(1)轻度损伤:注意休息,可按摩推拿治疗,或进行有针对性的康复训练。

(2)急性期损伤:应卧床休息。

(十一)出血

出血,指皮肤组织被破坏,血液流出的常见损伤。

1. 止血

(1)指压止血

①掌指出血:按压桡动脉及尺动脉。

②下肢出血:拇指重叠,在腹股沟中点稍下方,将股动脉用力压在耻骨上支上。

③足部出血:压迫足背及内踝后方胫动脉和胫后动脉。

(2)止血带止血

用气止血带(或皮管、皮带)缚在出血部近端,上肢每半小时、下肢每1小时放松一次,以免肢体麻痹或坏死。

2. 包扎

充分利用身边的三角巾、布条进行包扎,不同伤部可视情况选用环形包扎(图 5-1)、扇形包扎(图 5-2)、螺旋形包扎(图 5-3)、"8"字形包扎等方法。

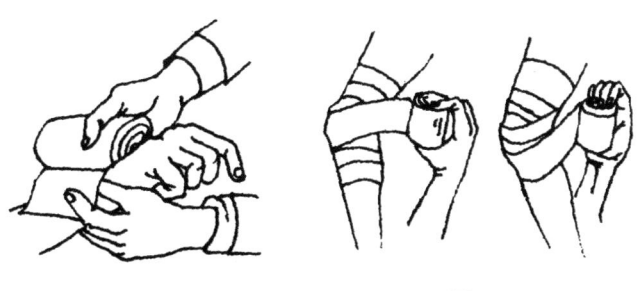

图 5-1

图 5-2

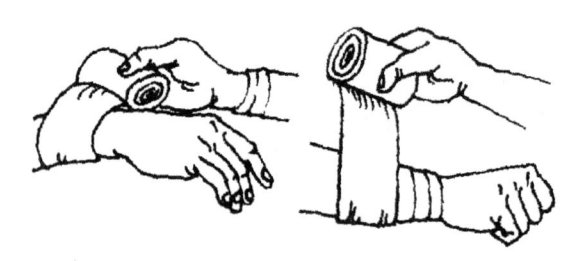

图 5-3

3. 大出血

出血不止或出血致休克者,应及时送医就诊,进行输血或手术治疗。

(十二)骨折

骨的完整性遭到破坏即为骨折,大强度的休闲体育运动中身体遭受剧烈撞击可导致骨折的发生。

1. 伤症

骨折后,可有剧烈疼痛,骨折处有骨骼突起、肌肉组织肿胀、撕裂伤。

2. 处理

(1)骨折固定前尽可能不要移动伤肢,以免增加痛苦和伤情,应尽快固定伤肢。

(2)伤肢固定后要注意保暖,检查固定是否牢靠。

(3)调整包扎松紧,避免血液流通不畅。

(4)有休克并发症时,先止休克,给予伤员较强的止痛药物,平卧保暖,针刺人中等措施。

(5)有伤口出血时,及时止血(止血多采用止血带法和压迫法),并送医就诊。

(6)骨头外翻、伤口过大,及时送医救治。

二、休闲体育运动疾病的处理

（一）过度紧张

过度紧张是无运动经验者经常会出现的运动病症，主要是由认识不足，或初次运动训练负荷过大、技术动作剧烈超过机体负荷导致。

1. 病症

(1) 头晕、眼黑、面白、乏力。
(2) 恶心呕吐，脉搏快而弱，血压明显下降。
(3) 严重者嘴唇青紫，呼吸困难。
(4) 注意力不集中，焦虑、烦躁。

2. 处理

(1) 轻度的过度紧张，及时停止户外运动，休息。
(2) 急救：平卧或半卧，松解衣物，注意保暖，点掐其内关和足三里穴。
(3) 昏迷者：掐人中、百会、合谷等穴。
(4) 呼吸、心跳停止者：做人工呼吸和心脏复苏。
(5) 口服 VB_1，或注射葡萄糖。

（二）肌肉痉挛

肌肉痉挛，即抽筋，是指肌肉的不自主强直收缩。

1. 病症

发病急，肌肉不自主强直收缩，僵硬，疼痛难忍，临近的关节可出现运动障碍。

2. 处理

(1) 轻者：缓慢、均匀地牵引。
(2) 腿部肌肉痉挛：让患者伸直膝盖，拉长痉挛肌肉，可猛烈地用力击脚心位置。

(三)运动性腹痛

运动性腹痛是指在运动中因生理原因引发的腹部疼痛。通常是由于准备活动不充分,胃肠痉挛,腹直肌痉挛,呼吸紊乱等原因造成的。

1. 病症

腹部周围疼痛,也可引发其他机体器官不适、疼痛。

(1)安静时不痛,运动中或结束时腹痛。一般无其他伴随症状。

(2)右上腹痛:肝胆疾患或瘀血。

(3)腹中部痛:痛肠痉挛、蛔虫病。

(4)中上腹痛:胃十二指肠溃疡、胃炎。

(5)肋部和下胸锐痛:呼吸肌痉挛。

(6)右下腹疼痛:阑尾炎。

(7)左下腹疼痛:痛宿导致。

2. 处理

(1)了解腹痛的性质和部位。

(2)单纯性运动生理腹痛,调整负荷,注意休息。可进行适当的按摩和理疗。

(3)运动引发病理性腹痛,尽快送医就诊。

(四)运动性低血糖

空腹时,长时间剧烈运动,机体会出现血糖浓度低于50毫克/分升病症。

1. 病症

面色苍白、心烦易怒;重者视物模糊、焦虑、昏迷。部分患者还可诱发心脑血管意外。

2. 处理

（1）使病者平卧、保暖。神志清醒者可饮浓糖水或吃少量食品，一般短时间内即可恢复。不能口服者，可静脉注射50％葡萄糖40～100毫升。

（2）昏迷不醒者，可针刺人中、百会、涌泉、合谷等穴，并迅速送医就诊。

（五）运动性高血压

运动性高血压是运动过程中产生的一种高血压症状，在休闲体育运动中，运动性高血压多见于在运动期间过度紧张者，强度过大的休闲运动会引起过度运动，也可导致运动性高血压的出现。

1. 病症

在运动过程中，因运动紧张或疲劳而导致血压升高。

2. 处理

（1）调节负荷量，注意休息。老年人参与休闲体育运动，避免大负荷的运动。
（2）对原发性高血压病患者应避免剧烈运动，作息规律。
（3）给予药物治疗。

（六）运动性贫血

在运动中，血液中红细胞数和血红蛋白量低于正常值的现象称为运动性贫血。正常男子的血红蛋白含量为0.69～0.83毫摩尔/升，正常女子的血红蛋白含量为0.64～0.78毫摩尔/升。

1. 病症

（1）血液检测，血红蛋白的含量减少，男性低于120克/升，女性低于105克/升。

(2)皮肤和黏膜苍白,头晕、乏力、易倦。
(3)运动中常伴有气促、心悸等症状。
(4)心率快,可听到吹风样杂音等。
(5)记忆力下降、食欲差。

2. 处理

(1)运动期间,多食用富含蛋白质、铁质食物或服用抗贫血药物。
(2)贫血症状出现后,及时减少运动量,必要时应停止运动。

(七)运动性血尿

参与休闲体育运动,如果急于求成,负荷过大,超过机体承受范围有可能引起显微镜下血尿。

1. 病症

(1)运动后即刻出现血尿,无其他症状。
(2)运动后一两天,血尿消失。
(3)血液化验、肾功能检查正常。

2. 处理

(1)全面检查,判断是否由病理因素引起。
(2)有色深血尿出现,停止运动健身。
(3)少量血尿但是无其他症状,应注意调整运动负荷,及时休息,并注意持续观察。

(八)运动性中暑

运动性中暑与运动时的天气与场地有很大关系,夏季在户外从事休闲体育运动,如果运动负荷大、运动时间长,很可能导致机体疲劳、失水、缺盐、体温过高,引发中暑。

1. 病症

(1)轻者头晕、头痛、呕吐,体温升高,皮肤灼热干燥。
(2)严重者精神失常、虚脱、痉挛、心律失常、血压下降,昏迷。

2. 处理

(1)有中暑先兆:调整运动、松衣、降温。
(2)中暑严重者:至阴凉处,平卧。
(3)中暑痉挛:牵伸肌肉,服含盐清凉饮料。
(4)中暑衰竭者:服含糖、盐饮料,按摩。
(5)中暑较重或昏迷者:针刺人中等大穴,送医抢救。

(九)运动性冻伤

冻伤是指寒冷作用于机体引起的体温调节功能障碍,体温下降过低导致身体局部组织损伤。冬季参与户外休闲运动,如滑冰、滑雪、登山等,如果保暖措施不到位,可导致冻伤。

1. 病症

(1)轻度冻伤:皮肤苍白、麻木、发凉,红肿充血,发痒,热痛。
(2)中度冻伤:皮肤局部红肿明显,有水泡,疼痛较重,感觉麻木。
(3)重度冻伤:深达皮下组织、肌肉和骨骼,冻伤为紫褐色或黑褐色,坏死。
(4)全身性冻伤:寒战、四肢发凉、苍白或发紫,感觉麻木,神志模糊,昏迷。

2. 处理

(1)轻中度冻伤:用酒精棉球轻轻揉擦,使皮肤微热,涂冻疮膏,注意患部保暖。
(2)重度冻伤,迅速就医急救。

(十)运动性昏厥

运动性昏厥,又称"重力休克",是一种暂时性的知觉和行动能力丧失的运动性疾病。

1. 病症

昏厥前患者会感到头昏,全身无力,眼前发黑,耳鸣,恶心等。

2. 处理

(1)平卧,头放低,足垫高,松解衣带,热毛巾擦脸,做下肢向心性推摩或揉捏,或点掐人中等穴,由远心端向近心端按摩下肢,以促使血液回流。

(2)在昏迷者未恢复知觉前或有呕吐现象时切忌饮食。

(十一)运动性心律失常

运动性心律失常具体指运动中或运动后心脏活动规律紊乱。

1. 病症

(1)头晕、乏力、恶心、面色苍白、出冷汗、气促、胸闷、心悸甚至昏厥。

(2)体检时,心电图检查有异常。

2. 处理

(1)使患者俯卧,一指禅推法由上而下按摩脊柱两侧足太阳膀胱经穴位,如大椎、心俞、肝俞、肾俞等,两侧交替进行。60次/分,一次15分钟。

(2)针灸心俞、内关、神门等。期前收缩加三阴交,心动过速加足三里,心动过缓加膻中等穴。

(十二)延迟性肌肉酸痛

对于休闲体育运动者来说,初次参与休闲体育运动锻炼或有运动经验者长时间大强度集训,可导致运动后一段时间(24~48小时)机体部分肌肉因肌纤维痉挛而酸痛,即延迟性肌肉酸痛。在初学者伸展练习中多发。

1. 病症

局部肌肉酸痛,有涨、麻感。

2. 处理

(1)对肌肉酸痛部位进行热敷或按摩或口服维生素 C 以缓解症状。

(2)推拿按摩,针灸。

第六章　传统养生类休闲体育运动科学参与

我国是一个具有悠久历史的国家,受我国几千年传统文化的影响,我国传统体育更注重通过体育活动来促进身心的健康发展,这种促进是温和的、潜移默化的,与西方竞技体育不断挑战自我有着本质的区别。在我国传统养生哲学思想下许多体育运动项目的运动方法和技术动作都表现出养生智慧,我国传统养生类体育符合我国人民群众的体育运动健康观、养生观认知,符合我国人民群众的韬光养晦、顺应自然、知天命的传统思想,因此即使是在现代社会,仍然拥有广泛的人群基础,传统养生类体育运动完成了其向休闲体育的自然过渡,成为城乡养生休闲生活的重要内容。本章重点就几个典型的养生类休闲体育运动项目的运动参与与开展内容与方法进行详细解析。

第一节　武术

一、武术概述

武术是我国极具代表性的传统体育项目,具有强身健体、修身养性、改善体质与塑造良好意志品质的功能。武术起源于生产劳动,依托军事训练、搏杀、祭祀活动发展而来,最终脱离生产、摆脱宗教,成为一种独立发展的体育运动。

现阶段中华武术世界闻名,是我国人民群众喜闻乐见和寄托了丰富的民族情感的体育运动,武术及武术文化为丰富社会大众体育与精神生活发挥了重要作用,是人民群众闲暇之余乐于讨论和参与的休闲体育内容。

二、武术学练

(一)武术基本功学练

武术基本功练习是运动者习武的重要基础,每一个参与武术学练的人,都必须掌握一定的武术基本功。武术基本功是运动者学习复杂武术技术动作、习练武术套路的重要基础,其本身也可以作为运动内容进行日常学练。

1. 手型基本功

拳:四指并拢蜷握,拇指紧扣食指第二指节处(图 6-1)。

掌:五指伸直称为掌(图 6-2),根据手指位置和用力不同有仰掌、俯掌、侧掌、侧立掌、柳叶掌之分。

勾:五指撮在一起,腕关节弯曲,称勾或勾手(图 6-3)。

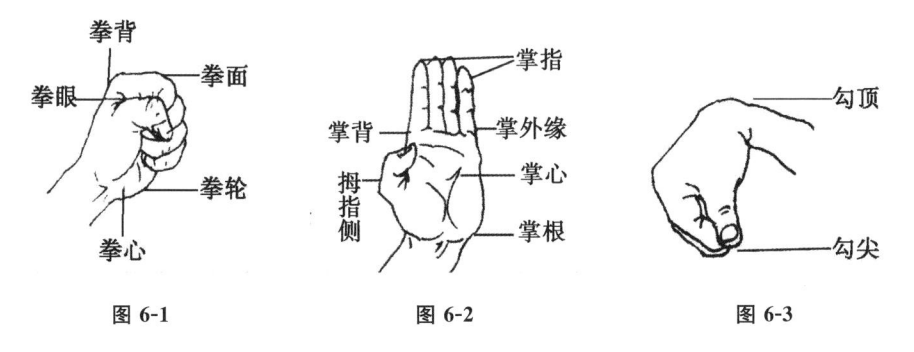

图 6-1　　图 6-2　　图 6-3

爪:五指或分开或并拢,指扣屈称为爪。

2. 步型基本功

(1)弓步:前后跨步站立,前腿弓腿,大腿与地面平行,后腿蹬直后伸,立腰,上身挺直,双手腰间抱拳,目平视(图 6-4)。

(2)马步:开立,脚尖向前,脚间距约为本人脚长的 3 倍,屈膝半蹲,大腿接近水平,膝不过脚尖,两手腰间抱拳,目平视(图 6-5)。

图 6-4　　　　　　　图 6-5

（3）虚步：前后开立，一脚外展 45°，屈膝半蹲；另一脚脚跟离地，脚尖虚点地，双手叉腰，目平视（图 6-6）。

（4）仆步：一腿屈膝全蹲，大小腿靠紧，脚尖和膝外展，另一腿挺直平仆，脚尖里扣，双手腰间抱拳（图 6-7）。

（5）歇步：两脚交叉靠拢全蹲，左脚全脚着地，臀部坐在后脚跟处，双手腰间抱拳（图 6-8）。

图 6-6　　　　　　图 6-7　　　　　　图 6-8

3. 肩功

（1）压肩：开步站立，两手抓握前方肋木，上体前俯并做下振压肩。

（2）转肩：正握木棍于体前。以肩为轴，两臂由体前经头顶绕至背后，再还原。

(3)臂绕环:以右臂绕环为例,右臂上举,由上向后—下—前绕环一周(后绕环)或右臂由上向前—下—后绕环一周(前绕环)。

4. 腿功

正压腿:面对肋木,一腿抬起,脚跟放于肋木上,两腿伸直,上体前屈,前下压振。

正搬左腿:右腿支撑,左腿屈膝提起,右手托握左脚,左手抱膝。左腿挺膝直上举。

竖叉:两腿前后分开成直线。

横叉:两腿左右分开成直线。

侧控左腿:并步站立。左腿屈膝,脚尖绷直外侧前上伸出,停留片刻,还原。

正踢左腿:右腿支撑,左脚勾起,挺膝上踢,还原。

5. 腰功

(1)前俯腰:并步站立,上体前俯,两掌心贴地。

(2)甩腰:开立,两臂上举。上体以腰、髋关节为轴做前后屈动作。

(3)涮腰:开立。上体前俯,两臂下垂左前伸,以髋关节为轴向前—右—后—左绕环一周或向后—左—前—右绕环一周。

(4)下腰:开立,直上举臂。抬头,挺胸,两手向后下撑地成桥。

6. 桩功

(1)马步桩:开立,脚尖朝前,屈膝半蹲,大腿接近水平,两臂微屈平举于胸前,掌心向下,视前方。

(2)虚步桩:开立,右脚外展45°,屈膝半蹲,左(右)脚跟提起,脚面绷直,脚尖稍内扣,虚点地,屈膝,重心落于右(左)腿上,双手腰间抱拳。

(3)升降桩:开立,屈膝,屈肘,两手心向下,举于胸前,配合呼吸做升降动作,升时吸气,小腹外凸;降时呼气,小腹内凹。

(4)开合桩:开立,屈膝略蹲。屈肘,两手心向内,指尖相对,体前合抱。随自然呼吸做开合运动,开时吸气,小腹外凸;合时呼气,小腹内凹。

(二)武术套路学练

武术套路是武术学练重要的一部分内容,内容较多,种类繁杂,大体可以分为拳术和器械武术。拳术主要包括长拳、少林拳、南拳、螳螂拳、七星拳等;器械武术主要包括刀术、剑术、枪术、棍术等,各拳术和器械武术套路还可以再进行细分。要想进行系统的武术套路学练并用于日常休闲体育活动内容开展中,最好应在专业的武术指导员或有经验的习武者的指导下进行练习,武术套路内容体系庞大,这里不再赘述。

第二节 太极拳

一、太极拳概述

太极拳是我国优秀的传统养生项目,太极拳相传为张三丰所创,张三丰是武当道教文化和武当武术文化的创始人。据历史资料,太极拳起源于明末清初的河南农村,由陈家沟的陈王廷最先创编形成。太极拳是典型的道教武术项目,它是在依据《易经》阴阳之理,充分结合了中医经络学、道家导引、吐纳等方法的基础上创造形成并不断完善的养生功法,拳理与功法练习都充分体现了"道法自然"的养生哲理。

太极拳现为我国非物质文化遗产(2006年列入首批国家非物质文化遗产名录),其深厚的文化内涵形成了其强大的生命力,成为现代人乐于接受和尝试的休闲体育运动项目,在"全民健身"发展和建立"文化自信"的新时期,也受到了相当一部分年轻人的喜爱,这对于我国太极拳向年轻一代的普及与传承具有重要的意义。

二、太极拳学练

太极拳门派众多,有陈式、杨式、武式、吴式、孙式、和式等派别,各派别各有特点又有传承借鉴关系。这里以国家体育总局汇编的二十四式简化太极拳为例,具体套路习练内容与方法如下。

(一)第一组

1. 起势

并立,臂下垂;左开步,臂平举,屈膝下蹲;垂肘,目平视(图6-9)。

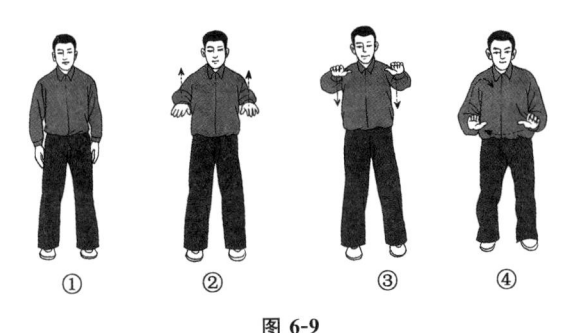

图 6-9

2. 左右野马分鬃

(1)右转体,右臂收胸前平屈,左手划弧放在右手下,两手心相对抱球;左脚收于右脚内侧。

(2)左转体,迈左脚,手随转体左上、右下慢慢错开。

(3)上体左转,右脚跟蹬,左弓步;左右手分开,屈肘;右手落在右胯旁,视左手。

(4)上体后坐,左脚尖翘、外撇。

(5)左脚掌踏实,左腿前弓,左转,左手翻转向下,左臂收在胸前平屈,右手划弧放在左手下,两手抱球;右脚收至左脚内侧。

(6)右转体,迈右脚,手随转体左下、右上慢慢错开。

(7)右弓步;上体右转,左右手左下、右上慢慢分开,屈肘;左手落在左胯旁,视右手。

重复(4)~(7)动作,唯左右相反。

左右野马分鬃完整动作如图 6-10 所示。

图 6-10

3. 白鹤亮翅

(1)左转体,左翻掌,左臂平屈,右手划弧,与左手相对。

(2)右脚跟进半步,上体后坐、右转,左脚前移成左虚步;上体左转,两手左下、右上慢慢分开,目平视。

白鹤亮翅完整动作如图 6-11 所示。

图 6-11

(二)第二组

1. 左右搂膝拗步

(1)落右手,屈肘,左手由左下向上—右下划弧至右胸前;上体微左再右转;左脚收至右脚内侧。

(2)上体左转,迈左脚,左弓步;右手屈由耳侧前推,左手向下由左膝前搂过落于左胯旁。

(3)右腿屈膝,上体后坐,左脚尖翘起外撇踏实,左腿前弓,身体左转,右脚收至左脚内侧,脚尖点地;左手翻掌划弧至左肩外侧;右手划弧落于左胸前,视左手。

(4)与(2)解同,唯左右相反。

(5)与(3)解同,唯左右相反。

(6)与(2)解同。

左右搂膝拗步完整动作如图 6-12 所示。

2. 手挥琵琶

(1)右脚跟进,上体后坐,右转体。

(2)左脚前移成左虚步,左手由左下向上挑举,臂微屈;右手收回至左臂肘里侧;两手体前侧立掌;视左手。

手挥琵琶完整动作如图 6-13 所示。

① ② ③ ④
⑤ ⑥ ⑦ ⑧
⑨ ⑩ ⑪ ⑫ ⑬ ⑭ ⑮

图 6-12

① ② ③

图 6-13

3. 左右倒卷肱

(1) 上体右转,右手翻掌划弧平举,左手翻掌向上。

(2) 右臂屈肘,右手由耳侧前推,左臂屈肘后撤至左肋外侧;左腿提、退成右虚步,右脚扭正;视右手。

(3) 左转体,左手划弧平举,右手翻掌;目随体转视。

(4)(5)分别与(2)(3)解同,唯左右相反。

(6)(7)分别与(2)(3)解同。

(8)与(2)解同,唯左右相反。

左右倒卷肱完整动作如图 6-14 所示。

图 6-14

(三)第三组

1. 左揽雀尾

(1)上体左转,右手随转体划弧平举,视左手。

(2)右转体,左手翻掌划弧,右臂屈肘,两手抱球;左脚收至右脚内侧。

(3)上体左转,左脚左前迈出,右腿蹬成左弓步,左臂左前掤出,右手落于右胯旁,视左前臂。

(4)左转体,左手翻掌向下,右手翻掌向上;两手下捋,上体右转,右手心向上,左臂平屈胸前。

(5)左转体,右臂屈肘折回,上体左转,双手挤出,左弓步。

(6)左手翻掌,右手经左腕前右伸,两手左右分开;右腿屈膝,上体后坐,左脚尖翘起;两肘收至腹前。

(7)两手按出,左腿弓成左弓步;目平视。

左揽雀尾完整动作如图 6-15 所示。

图 6-15

2. 右揽雀尾

上体后坐、右转,左脚尖里扣;右手划弧至左肋前;左臂平屈胸前,双手抱球;右脚收至左脚内侧,视左手。

此后动作同"左揽雀尾"(3)～(7)解,唯左右相反。

右揽雀尾完整动作如图6-16所示。

图 6-16

(四)第四组

1. 单鞭

(1)上体后坐,右脚尖里扣;上体左转,两手划弧至右臂平举,右手运至肋前。

(2)上体右转,左脚并向右脚;右手划弧变勾手,左手划弧停于右肩。

(3)上体左转,左脚迈成左弓步;左掌随转体前推,视左手。

单鞭完整动作如图6-17所示。

① ② ③ ④ ⑤ ⑥

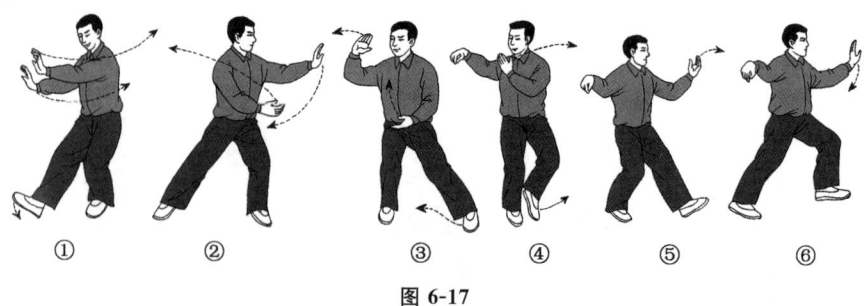

图 6-17

2. 云手

(1)身体右转,左脚尖里扣;左手划弧至右肩,右手松勾变掌。

(2)上体左转,左手脸前左运,右手腹前划弧至左肩,右脚靠近左脚,目视右手。

(3)上体右转,左手腹前划弧,右手向右翻转;左腿左跨步;视左手。

(4)(5)(6)分别与(2)(3)(2)同解。

云手完整动作如图 6-18 所示。

① ② ③ ④ ⑤

⑥ ⑦ ⑧ ⑨ ⑩

图 6-18

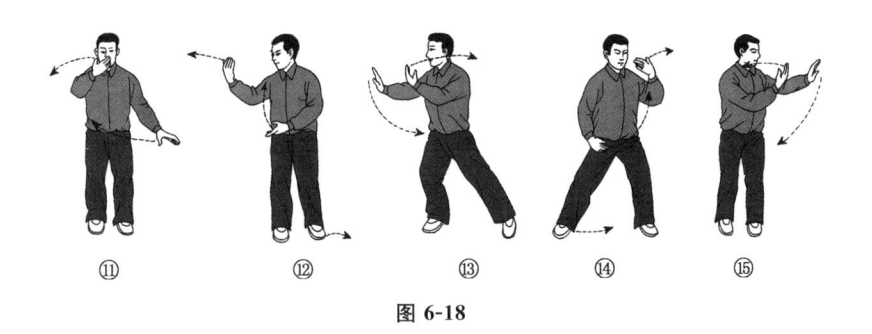

3. 单鞭

(1)右手变勾手;左手划弧至右肩,左脚尖点地。
(2)上体左转,左脚迈成左弓步;上体左转,左掌翻转前推。
单鞭完整动作如图 6-19 所示。

图 6-19

(五)第五组

1. 高探马

(1)右脚跟进;右勾手变掌,两手心翻转向上,左脚跟离地。
(2)上体左转,右掌前推,左手收至左腰;左脚前移成左虚步。
高探马完整动作如图 6-20 所示。

2. 右蹬脚

(1)左手前伸,两手交叉分开下划弧;左脚进、右腿蹬成弓步。
(2)两手由外向里划弧,左脚靠拢,脚尖点地。

图 6-20

（3）两手分开平举，右腿提，右脚蹬；视右手。

右蹬脚完整动作如图 6-21 所示。

图 6-21

3. 双峰贯耳

（1）右腿收，平举；两手向下划弧至右膝两侧。

（2）右脚落，右弓步，两手下落变拳，划弧至面前成钳形；两拳相对，视右拳。

双峰贯耳完整动作如图 6-22 所示。

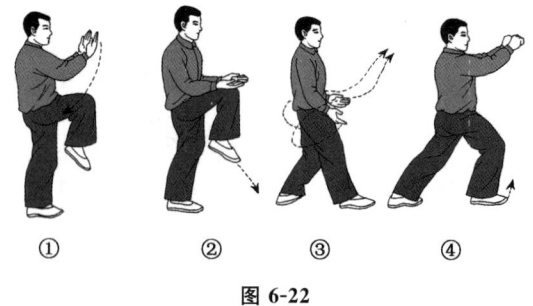

图 6-22

4. 转身左蹬脚

(1)左腿屈,上体左转,右脚尖里扣;两拳变掌划弧分开平举。
(2)左脚收至右脚内侧,两手划弧合抱于胸前。
(3)两手划弧分开平举,左腿屈膝,左脚蹬出;视左手。

转身左蹬脚完整动作如图 6-23 所示。

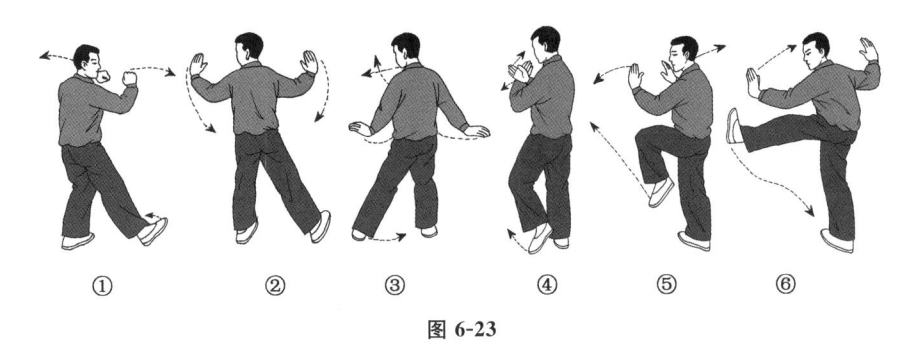

图 6-23

(六)第六组

1. 左下势独立

(1)收左腿平屈,右掌变勾手,左掌下落于右肩。
(2)右腿屈膝下蹲,左腿伸成左仆步;左手下落前穿。
(3)左腿前弓,右腿后蹬,上体左转起身;左臂立掌前伸。
(4)提右腿,成左独立式;右勾手变掌上挑,左手落于左胯旁,视右手。

左下势独立完整动作如图 6-24 所示。

2. 右下势独立

右脚下落于左脚前,左脚跟带动身体左转;左手向后平举变勾手,右掌随转体左划弧于左肩,视左手。

此后动作同"左下势独立"(2)～(4)解,唯左右相反。

右下势独立完整动作如图 6-25 所示。

图 6-24

图 6-25

（七）第七组

1. 左右穿梭

（1）身体左转，左腿前落地，右脚跟离地；两手左胸前抱球；右脚收至左脚内侧。

(2)身体右转,迈右脚成右弓步;右手翻掌架于右额前,左手向左下、前推出。

(3)右脚尖外撇,左脚跟前迈停于右脚内侧,两手胸前抱球。

(4)同(2)解,唯左右相反。

左右穿梭完整动作如图 6-26 所示。

图 6-26

2. 海底针

(1)右脚跟进,右脚举步;右手先落后提至耳旁,左手落至体前侧。

(2)左脚尖虚点地；体稍右转；右手由耳旁斜插，左手划弧落于左胯旁，视前下方。

海底针完整动作如图 6-27 所示。

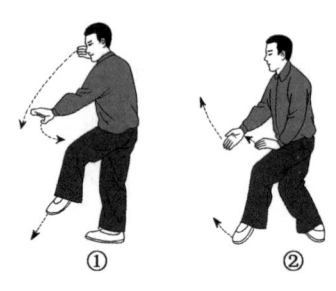

图 6-27

3. 闪通臂

(1)上体右转，左脚回收举步，两手上提。
(2)左脚前迈，两手分别向左前、右后分开。
(3)左腿屈膝弓步；右手右额前举，左手胸前推出，视左手。

闪通臂完整动作如图 6-28 所示。

图 6-28

(八)第八组

1. 转身搬拦捶

(1)上体后坐，左脚尖里扣；身体右后转，右手腹前划弧至左肋旁，左掌上举于头前。
(2)右转体，右拳撇出，左手落于左胯，右脚收回后再前迈。

(3)左腿前上步;左手划弧拦出,右拳划弧收至右腰旁。
(4)左腿弓步,右拳前打,左手附于右前臂内侧,视右拳。
转身搬拦捶完整动作如图 6-29 所示。

图 6-29

2. 如封似闭

(1)左手前伸,两手心翻转分开回收;左脚尖翘起。
(2)两手胸前翻掌,下经腹向上、前推出;左腿弓成左弓步。
如封似闭完整动作如图 6-30 所示。

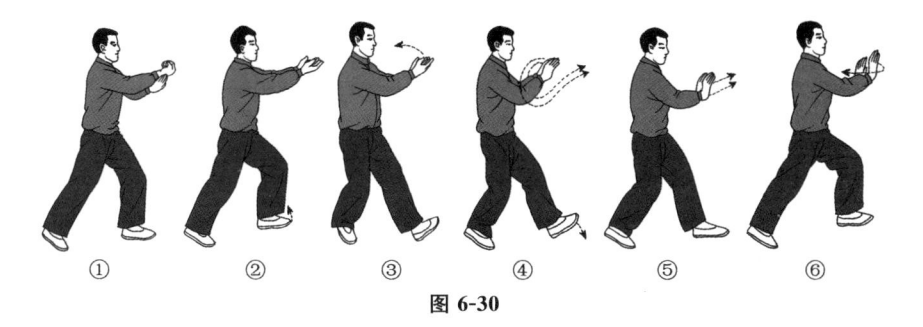

图 6-30

3. 十字手

(1)屈膝后坐,左脚尖里扣,右转体;右手右摆划弧,两臂侧平举;右脚尖外撇成右弓步。

（2）右脚尖里扣，向左收回，直腿开立；两手下经腹向上划弧交叉合抱于胸前，右手在外，成十字手。

十字手完整动作如图 6-31 所示。

图 6-31

4. 收势

两手外翻，臂落至腹前；并步直立，两掌落至腿侧，目平视（图 6-32）。

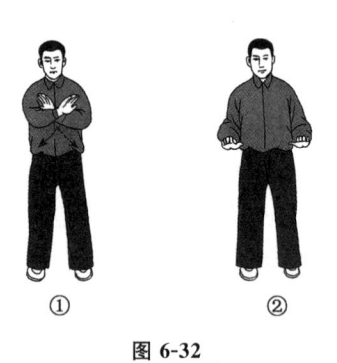

图 6-32

第三节　风筝与秋千

一、风筝

(一)风筝概述

风筝是我国传统休闲体育运动，在 2500 多年前就已经出现，在古代，对于风筝，南方称"鹞"，北方称"鸢"。风筝具有重要的休闲、养生、娱乐、健身价值,无论宫廷贵族还是普通百姓,无论男女老少都很喜爱。每逢春天,万物复苏,人们经常会举家出动至户外放飞风筝,强身健体,赏景怡情,其乐融融。

现阶段,风筝及其文化作为中国传统体育文化的代表在社会大众心中具有重要的地位。在国际上,风筝最早被国际社会所熟知时就被称为"飞唐""飞龙",风筝是独具中国特色的体育文化。现在,每逢风和日丽时,在乡间田野、城市广场和森林公园都能见到放风筝的人,放风筝成为现代人的一种重要休闲娱乐方式。

(二)放风筝技巧

1. 起飞

(1)大型风筝,因体积大,需至少两人协作,一人拿住放飞线,另一人迎风站立,来风时,两人配合放手、提线,使风筝迎风飞起。

(2)中小型风筝,因体积小,可一人操作,一手拿风筝,一手持线,迎风放飞。

2. 上升和操纵

(1)跑进中放风筝

一手持线,一手持轮。侧身跑,观察风筝起飞情况,风筝上升快,放慢脚步;风筝上升慢,增加跑速;风筝下跌,及时松线、停跑。

(2)原地放风筝

我国古人在放风筝方面积累了丰富的经验,原地放飞风筝,可参考民间口诀:"风筝下沉,则轻提之。风筝倾侧,则徐带之。风筝右偏,则右掖之。风筝左偏,则左掖之。"

二、秋千

(一)秋千概述

秋千是我国传统民族民俗体育运动,唐朝时,《开元天宝遗事·半仙之戏》中记载:寒食清明,"宫女都打秋千取乐,唐玄宗呼之为'半仙之戏'"。秋千运动在宫中和民间都十分流行,每每有人荡秋千,总能吸引三五人驻足观看或参与,欢笑之声此起彼伏。它是我国百姓喜闻乐见的一项体育运动。

秋千制作简单,可根据活动场所设置大小高低不同的秋千架与踏板。秋千操作简便,运动量可控,男女老少皆可参与,参与过程中充满了欢乐。

(二)荡秋千技巧

坐姿荡秋千难度小,这里重点以站立在秋千踏板上荡秋千为例。荡秋千的方法技巧具体如下。

1. 出发

准备:双手紧握秋千绳,将秋千绳向后拖至极限处,一只脚踏上踏板,双臂扣紧,背弓,目平视。
预备:支撑脚提脚跟,脚掌支撑,踏板脚向后勾板,提重心。
起荡:重心从支撑脚移向踏板脚,支撑脚迅速踏上秋千踏板。

2. 摆荡

降低重心,臀部后翘,双肩下压,充分利用荡幅,待秋千下落时,两腿积极快速向前有力蹬伸,大腿积极下压。两腿充分蹬伸,双手用力拉绳,直膝、挺胯,送膝,上体前挺贴绳。重心上移,脚跟上提,挺胸、抬头,直体、踝、膝、胯充分伸展。

到达最高点时,由挺胯转向后翘。迅速后蹲,压胯,双臂伸展下压,全身力量集中在前脚掌压在秋千踏板上,顺势回落。

反复用力摆荡。

第四节　五禽戏与八段锦

一、五禽戏

(一)五禽戏概述

五禽戏历史悠久,是我国传统功法运动,也是医学健身项目,其动作主要是根据五种动物形态和姿势创编而成。

相传,五禽戏为华佗所创,有这方面的最早文献见于西晋陈寿所著《三国志·华佗传》:"吾有一术,名五禽之戏,一曰虎,二曰鹿,三曰熊,四曰猨(猿),五曰鸟。亦以除疾,并利蹏(蹄)足,以当导引。"但华佗所创五禽戏的具体动作并没有记载。南北朝时,名医陶弘景所著的《养性延命录》最早用文字描述了五禽戏的具体动作。

现在的五禽戏功法练习虽与早期的五禽戏动作有很多不同之处,但同样具有良好的健身养生作用,活动筋骨、疏通气血、疾病防治的效果良好。

(二)五禽戏学练

1. 虎戏

虎戏动作如图6-33所示。
(1)俯身,脚掌踏实,双腿屈膝,双手按地,吸气,身躯前耸至极,稍停,身躯后缩,呼气,反复3次。
(2)双手先左后右前挪,两脚后退,拉伸腰身。
(3)抬头,头正。
(4)如虎行,前爬七步,后退七步。

图 6-33

2. 鹿戏

鹿戏动作如图 6-34 所示。

(1)四肢着地,稍抬臀,脚跟不离地。吸气,头左转至极,稍停,呼气;头回转,吸气。

(2)右转头,如前。共左转 3 次,右转 2 次。

(3)抬左腿,后伸,稍停,还原。

(4)抬右腿,如前。共左腿后伸 3 次,右腿 2 次。

图 6-34

3. 熊戏

熊戏动作如图 6-35 所示。

(1)仰卧,屈腿,双手抱膝下,头上顶,腰用力,肩背离地成坐姿,略停。

(2)以左肩侧滚落地面,肩触地后即可恢复坐姿,略停。

(3)以右肩侧滚落地面,起。左右反复各 7 次。

(4)起身,蹲姿,双手侧开撑地。

(5)如熊行,抬左脚、右手掌离地,落;抬左脚、右手掌离地,落。左右反复数次。

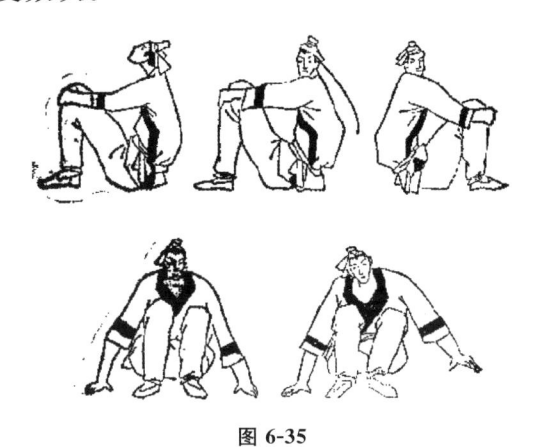

图 6-35

4. 猿戏

猿戏动作如图 6-36 所示。

图 6-36

(1)高悬横竿,站立举手可触,双手握竿如猿攀物,两脚悬空,做引体向上 7 次。

(2)左脚背勾横竿,松手,倒悬,略停。

(3)右脚背勾横竿,倒悬,左右交替各 7 次。

5. 鸟戏

鸟戏动作如图 6-37 所示。

(1)开立,双手下展臂,吸气,翘左腿,两臂侧平举,扬眉,如鸟展翅欲飞。

(2)呼气,左腿回落,两臂回落。

(3)翘右腿,如前。左右交替各 7 次。

(4)坐下,屈右腿,双手抱右膝,贴胸,稍停。

(5)双手抱左膝,如前,左右交替各 7 次。

(6)站起,两臂如鸟理翅,伸缩各 7 次。

图 6-37

二、八段锦

(一)八段锦概述

八段锦是我国传统健身养生运动,八段锦原名"吕真人安乐法"。清朝末年,《新出保身图说·八段锦》首次以"八段锦"为名,书中绘有较为完整的动作图像。

八段锦共八节练习,节节贯穿,通过特殊的体位动作并配合呼吸、吐纳,对身体的各器官、系统、关节等具有有效的强健作用,可疏通经络气血、调整脏腑功能,能固腰强肾、改善骨骼、醒神宁脑。

(二)八段锦学练

1. 手型

(1)拳:大拇指抵掐无名指根节内侧,其余四指屈拢收于掌心(图6-38)。

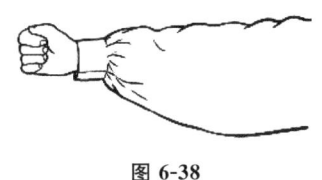

图 6-38

(2)掌:有两种掌型。
①五指分开,微屈,掌心微含(图6-39①)。
②拇指与食指竖直分开,其余三指指节屈(图6-39②)。

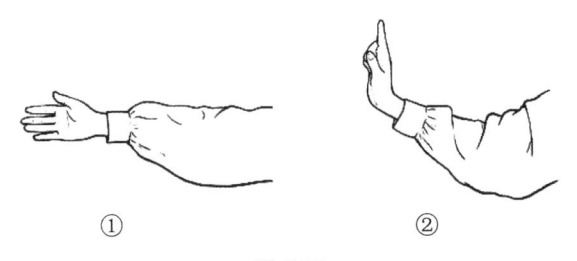

① ②

图 6-39

(3)爪:直腕,五指并拢,指节向手心屈收扣紧(图6-40)。

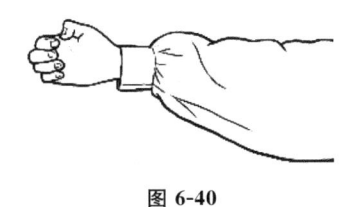

图 6-40

2. 步型

武术基本功的步型在八段锦运动中有很多被用到,其中,马步步型运用最多。

3. 八段锦套路

八段锦套路可结合具体的八段锦歌诀进行学练,具体动作方法解析如下。

(1)预备式

并立,身体正直,双手自然下垂,手指并拢贴于腿部,头颈正直,目前平视(图6-41)。

(2)第一段:双手托天理三焦

动作如图6-42所示。

①膝盖伸直,两手下垂,在腹前十指交叉。

②双手上抬,在胸前位置托掌,手臂继续上行,两臂逐渐伸直,直肘,双手不分开,抬头看手。

③提脚跟,保持抬头,目视手背。

④呼气,重心慢慢降低,全脚着地,双手分开,两臂慢慢还原至体侧自然垂落。

图 6-41 　　图 6-42

(3)第二段:左右开弓似射雕

动作如图6-43所示。

①右脚向右迈步,成开立姿势,再马步蹲,两手握拳在胸前交叉,左手贴胸,右手在外,双手手腕相接。

②两手分开,右手臂平屈,由拳变爪,在右胸锁骨位置,爪心向下;左拳变掌向左直推成立掌,似左开弓。

③重心稍向右移,右手爪变掌,向上、右画弧,再逐渐落至与肩齐高;左手变掌;动作还原至两手握拳胸前交叉,如同①动作。

④同②动作,方向相反,右开弓。

图 6-43

(4)第三段:调整脾胃须单举

动作如图 6-44 所示。

①右脚收回,双脚成并立姿势,双腿靠拢,直膝,双臂胸前平屈,掌心向下。

②左手内旋,尽量直臂头上举,与此同时,右手下按至体侧,手肘微屈,成"左举"。

③同左举动作,方向相反,成"右举"。

图 6-44

(5)第四段:五劳七伤往后瞧

动作如图 6-45 所示。

①直膝,并步,头左后转,目后视。

②头还原。头右后转,目后视。

图 6-45

(6)第五段:摇头摆尾去心火

动作如图 6-46 所示。

①左脚左跨,马步蹲,上体与头颈均正直,双手放在大腿上,轻按,虎口朝里,全身保持紧张,目视前方。

②吸气,头左下摆,臀右上摆,上体左倾。

③呼气,头右下摆,臀左上摆,上体右倾。

④上体前俯,头、躯干自绕环一周。

图 6-46

(7)第六段:双手攀足固肾腰

动作如图 6-47 所示。

①并步,直立,稍抬头,双手背后,目视前上方。

②上体前屈,直膝,直臂,左右手分别握住两脚的脚尖。

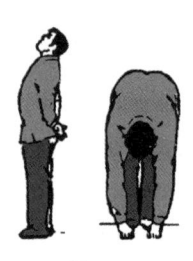

图 6-47

(8)第七段：攒拳怒目增力气

动作如图6-48所示。

①左脚左跨,马步蹲,双手腰间抱拳,目前视。

②左手缓向前冲拳,拳心向下。左拳变掌,抓握成拳,收抱腰间,为"冲左拳"。

③同"冲左拳",方向相反,为"冲右拳"。

图 6-48

(9)第八段：背后七颠百病消

动作如图6-49所示。

①收左脚,并立,收双手,左里右外身后交叠,提脚跟,百会上顶,吸气。

②足跟落,接近地面,呼气。

图 6-49

(10)收势

①两臂侧摆,与髋齐高。

②屈肘,两掌叠于丹田,两臂自然下垂。

第七章　现代娱乐健身类休闲体育运动科学参与

现代人生活压力大，人们参与休闲体育不仅是为了轻松愉快地使身体机能保持在一个良好的水平并减缓和抑制生理功能退化，更重要的是增进身心健康，使身心在疲劳消耗之后能够得到恢复和修复的机会。现代人在闲暇时间从事的各种娱乐健身类休闲体育运动能很好地满足个人健康发展的运动需求，并能在实现健身、娱乐的基础上达到健美塑身、表现自我、拓展交际、怡情益智、提升生活幸福感的目的。本章重点介绍几个能实现上述目的的休闲体育运动项目。

第一节　健身操舞

一、健美操

（一）健美操概述

健美操是健身与健美相结合的操类运动，现代健美操运动在美国正式诞生，在体操发展的基础上产生，最早出现和应用于美国宇航员的太空体能训练中，因健美操具有娱乐性，又有音乐伴奏，十分新颖，迅速引起了健身运动爱好者的关注与喜爱并广泛流行。20世纪70年代，为追求健康瘦身方法，好莱坞电影明星简·方达大力推崇健美操运动，并著《简·方达健身术》一书，该书在当时风靡全球，将健美操运动迅速推广到全世界。当前，健美操运动是全世界范围内流行最广泛的一项健身健美运动。

健美操的动作简单,实用性强,音乐可控,安全性好,并且随时随地可以开展,适用人群广泛,男女老少均可参与。健美操运动强调动作的"健""力""美"。在动感的音乐环境中完成运动,对运动者的身心健康发展具有重要的促进作用,同时,又能给运动者带来轻松畅快的运动感受。

(二)健美操学练

健美操运动参与主要是以套路学练的方式进行的,这里重点介绍几个大众健美操套路,以供健美操运动爱好者在闲暇时间参考学练。

1. 第一小节

第一个 8 拍(图 7-1):
预备姿势:站立。
第 1 拍:右臂侧举,右脚十字步。
第 2 拍:左臂侧举,左脚十字步。

图 7-1

第 3 拍:双臂上举,两脚前后立。

第 4 拍:双臂下举,两脚开立。

第 5～8 拍:屈臂摆动,7～8 拍手臂动作同 5～6 拍;向后走四步。

第二个 8 拍:

动作同第一个 8 拍,但向前走 4 步。

第三个 8 拍(图 7-2):

第 1～6 拍:手臂动作 1～2 拍右手前举,第 3 拍双手叉腰,4～5 拍左手前举,第 6 拍双手胸前交叉;1～6 拍从右脚开始 6 拍漫步。

第 7～8 拍:双臂侧后下举;右脚向后 1/2 漫步。

图 7-2

第四个 8 拍(图 7-3):

第 1～2 拍:屈左臂自然摆动;右脚向右并步跳。

第 3～8 拍:手臂动作为 3～4 拍前平举弹动 2 次,5～6 拍侧平举,7～8 拍后斜下举;下肢动作为 3～8 拍从左脚开始,向右前方做前、侧、后 6 拍漫步。

第五至八个 8 拍,动作同前四个 8 拍,但方向相反。

2. 第二小节

第一个 8 拍(图 7-4):

第 1～2 拍:右臂侧上举,左臂侧平举;左脚左滑步。

第 3～4 拍:双臂屈臂后摆;1/2 后漫步。

第 5～6 拍:前上击掌 3 次;左脚向前并步。

第7～8拍：双手叉腰，右脚向右后并步。

图 7-3

图 7-4

第二个8拍(图 7-5)：
第1～2拍：击掌3次；左脚左后并步。
第3～4拍：双手叉腰；右脚右后并步。
第5～6拍：左臂侧上举；右脚前右滑步。
第7～8拍：双臂屈臂后摆；1/2后漫步。

图 7-5

第三个 8 拍(图 7-6):

第 1~4 拍:双臂向前冲拳、向后下冲拳 2 次;右转 90°,右脚上步吸腿 2 次。

第 5~8 拍:双臂水平左摆;左脚"V"字步左转 90°。

图 7-6

第四个 8 拍(图 7-7):

第 1~2 拍:手臂动作为第 1 拍双臂胸前平屈,第 2 拍左臂上举;下肢动作为左腿吸腿(侧点地)1 次。

第 3~4 拍:手臂动作为第 3 拍同第 1 拍动作,第 4 拍还原;下肢动作为左腿吸腿1次。

第5～8拍:同1～4拍动作,但方向相反。

图 7-7

第五至八个8拍,动作同前四个8拍,但方向相反。

3. 第三小节

第一个8拍(图7-8):

第1～4拍:双臂上举,下拉;1～3拍右脚侧并步跳,第4拍时右转90°。

第5～8拍:手臂动作为5～7拍双臂前后屈摆臂,8拍时,上体左扭转90°,双臂侧下举;下肢动作为左脚侧交叉步。

图 7-8

第二个8拍(图7-9):

第1～4拍:双臂上举、下拉;双腿向右侧并跳步,第4拍时左转90°。

第 5~6 拍:右臂前下举;左脚侧并步 1 次。

第 7~8 拍:左臂前下举;左脚侧并步 1 次。

图 7-9

第三个 8 拍(图 7-10):

第 1~4 拍:手臂动作为第 1 拍双臂肩上屈,第 2 拍两臂下举,3~4 拍双臂肩前屈;下肢动作为左脚向前一字步。

第 5~6 拍:双臂上举,掌心朝前;向左分并腿 1 次。

第 7~8 拍:双手放膝上;向右分并腿 1 次。

图 7-10

第四个 8 拍(图 7-11):

第 1~4 拍:手臂动作为 1~2 拍手侧下举,3~4 拍胸前交叉;下肢动作为左脚向后一字步。

第 5~8 拍:双臂经胸前交叉侧上举 1 次,侧下举 1 次;下肢动作为左、右依次分并腿 2 次。

图 7-11

第五至八个 8 拍,动作同前四个 8 拍,但方向相反。

4. 第四小节

第一个 8 拍(图 7-12):

第 1~2 拍:右臂体侧内绕环;右脚开始小马跳 1 次,向侧前成梯形。

第 3~4 拍:左臂体侧内绕环,右脚开始小马跳 1 次,向侧前成梯形。

第 5~8 拍:同 1~4 拍动作。

图 7-12

第二个 8 拍(图 7-13)：

第 1～4 拍：屈臂自然摆动；右脚开始弧形跑 4 步,右转 270°。

第 5～8 拍：手臂动作为 5～6 拍双手放腿上,7 拍击掌,8 拍放于体侧；下肢动作为开合跳 1 次。

图 7-13

第三个 8 拍(图 7-14)：

第 1 拍：双臂胸前交叉；右脚向右前上步。

第 2 拍：右臂侧举、左臂上举；右脚上步后屈腿。

第 3 拍：双臂胸前交叉；右脚向右前上步。

第 4 拍：双手叉腰；两脚并立,八字脚。

第 5～8 拍：手臂动作同 1～4 拍；下肢动作为左脚向前上步后屈腿、腿还原、八字脚。

图 7-14

第四个 8 拍(图 7-15):

第 1~2 拍:第 1 拍右手左前下举,第 2 拍双手叉腰;下肢动作为右侧点地 1 次。

第 3~4 拍:第 3 拍左手右前下举,第 4 拍双手叉腰;下肢动作为左侧点地 1 次。

第 5~8 拍:手臂动作为第 5 拍双臂胸前平屈,第 6 拍前推,第 7 拍同第 5 拍动作,第 8 拍同侧下垂;下肢动作为右脚上步,前转脚跟,还原。

第五至八个 8 拍,动作同前四个 8 拍,但方向相反。

图 7-15

二、瑜伽

（一）瑜伽概述

瑜伽，起源于印度，流行于世界。"瑜伽"是梵文"Yoga"的译音，本意为"自我和原始动因的结合"。瑜伽是一项凝聚古老东方哲学思想的运动，有修身养性之功效。

瑜伽历史悠久，发展到现在有诸多流派，如哈他瑜伽（Hatha）、业瑜伽（Karma Yoga）、智瑜伽（Jnana Yoga）、信瑜伽（Bhakti Yoga）、王瑜伽（Raja Yoga）、密宗瑜伽（Tantric Yoga）等。瑜伽修持者认为，人体内部有一个看不见的灵性身体（Subtle body），通过瑜伽练习，能集中注意力、精力和能量，激活灵体脉轮（图 7-16），提高个体的身心活力。

目前，瑜伽在全世界范围内广泛流行，在休闲健身市场，各种瑜伽健身场所都有各种各样的瑜伽课程供会员或学员选择练习，一些商业机构为吸引消费者,在瑜伽运动上巧立名目,存在一些对瑜伽的不实宣传,对此,瑜伽爱好者应注意辨识。

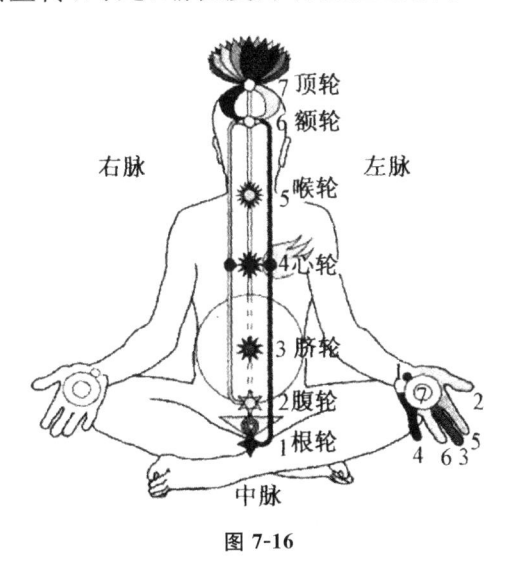

图 7-16

在我国流行的瑜伽,大多丢弃了印度古典瑜伽中的深层次宗教哲学理念,取其修心健身功能的一面。在瑜伽动作学练中,结合瑜伽的呼吸、饮食,来学会与自觉的身体和谐相处,促进身心愉悦,恢复身心能量。与此同时,瑜伽更是现代人的一种健康的生活方式和一门正确生活的科学。

(二)瑜伽学练

瑜伽学练是一个长期、深入的过程,这里重点就几个基础性的瑜伽体位动作进行介绍分析。

1. 树式(图 7-17)

(1)站姿,双脚并拢,挺身直立。
(2)吸气,右脚放在左大腿内侧;右膝外展,双手胸前合掌。
(3)吸气,直臂头上合掌。收腹,挺胸,身体向上。
(4)呼气,还原。

图 7-17

2. 前伸展式(图 7-18)

(1)坐姿,两腿前伸。

(2)上身躯干向后方倾,同时两掌移向两髋的后方,十指指向两脚。

(3)弯曲双膝,把两脚平放在地面上。

(4)呼气(收缩腹部),一边轻柔地将臀部升离地面;两脚移向前边,从而两膝变成伸直不屈;两臂垂直于地上,身体重量落在两臂、两脚之上。

(5)头后仰,正常呼吸,保持姿势 10～30 秒钟。

图 7-18

3. 腿旋转式(图 7-19)

(1)仰卧,两腿伸直,两臂放在体侧。

(2)左腿直举,顺时针方向做圆圈旋转运动,身体其余部分平贴地面。

(3)两腿交替做练习。每条腿做 8~10 次旋转。

图 7-19

4. 船式(图 7-20)

(1)仰卧姿势,双脚并拢,两臂平放。
(2)吸气,上身、双脚与两臂抬起,躯干与双脚成"V"形,挺背、直腰,保持身体平衡。
(3)保持动作 30 秒后,还原,全身放松。

图 7-20

5. 肩倒立式(图 7-21)

(1)仰卧,背部贴地,两臂平放。
(2)上举双腿,升髋,双手扶腰支撑,维持身体平衡。
(3)保持动作尽可能长的时间后,还原,放松。

6. 花环式(图 7-22)

(1)直立,两脚靠拢,蹲下。
(2)臀部抬高,伸臂保持平衡。

（3）保持两脚并拢，分开两腿，上身前倾。
（4）双手向后，抱脚踝，头低垂。
（5）保持姿势约 20 秒钟后，还原，休息。

图 7-21

图 7-22

7. 虎式（图 7-23）

（1）跪姿，上身直立，臀部坐在脚跟上。
（2）前俯上身，双手、双膝撑地，抬臀、塌腰。
（3）左腿后上伸展，蓄气不呼。
（4）弯曲左膝，膝头贴近。
（5）保持姿势数秒后，呼气，还原，换腿做。

图 7-23

8. 英雄式（图 7-24）

(1) 跪坐，两脚分开，臀部放落在两脚间的地上。
(2) 左臂高举过头，弯肘，右臂背后上伸小臂。试把左手往下放到两肩胛骨之间。
(3) 左右手在背后尽量靠近，头颈正直。
(4) 保持姿势 30~60 秒，放松。

图 7-24

9. 弦月式（图 7-25）

(1) 并立，头颈正直，挺胸、收腹，全身保持紧张。
(2) 双臂上伸，直臂，双手合十。
(3) 上身与手臂缓缓左倾，始终保持双脚全部着地，直膝。
(4) 左倾至最大限度，保持数秒，还原至正直。
(5) 右倾。

图 7-25

10. 婴儿式(图 7-26)

(1)跪坐在脚跟上。
(2)呼气,上身前倾,双臂身后屈肘放身体两侧,额头抵地。
(3)正常呼吸,放松。

图 7-26

三、体育舞蹈

(一)体育舞蹈概述

体育舞蹈是一种具有较强交际性的休闲体育运动,它起源于早期欧洲农民之间的舞蹈,之后在北美和南美地区的黑人居住和活动地区的农民舞蹈丰富了体育舞蹈的舞蹈体系内容,后成为欧洲国家上流社会的交际舞蹈,并在全世界范围内广泛流行。19世纪20年代,为了规范各类体育舞蹈的发展,英国皇家舞蹈教师协会整理和推出了一系列交际舞,之后体育舞蹈开始走向规范化发展的道路,并逐渐竞技化。

目前,国际标准舞中的十个舞种各具鲜明的舞蹈风格和特点,因此,深受社会大众的广泛喜爱,具有良好的群众基础。

(二)体育舞蹈学练

体育舞蹈舞种多样,各具风格,不同的舞蹈爱好者可结合自己的喜好和特点来选择具体的舞种健身,这里重点介绍以下几个社会大众接触较多、参与较广的体育舞蹈舞种的舞步练习内容与方法,以供男女舞伴参考学练、配合。

1. 华尔兹(慢华尔兹,Waltz)

前进步(图 7-27):
(1)男士左脚前进;女士右脚退。
(2)男士右脚横步;女士左脚横步。
(3)男士左脚并于右脚;女士右脚并于左脚。

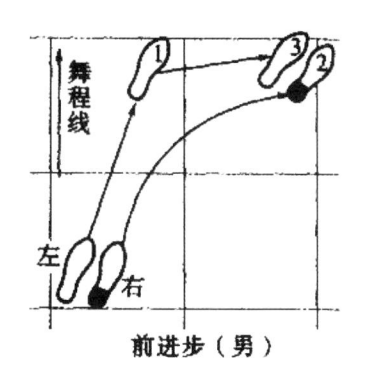

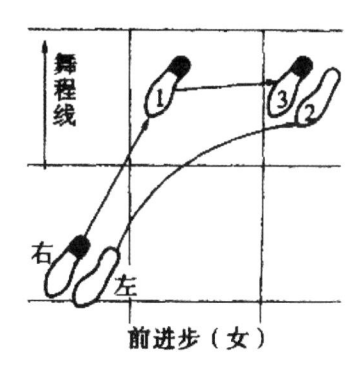

图 7-27

换并步(图 7-28):
(1)男士右脚进;女士左脚退。
(2)男士左脚进横步;女士右脚退横步。
(3)男士右脚并步;女士左脚并步。

换并步（男）　　　　　换并步（女）

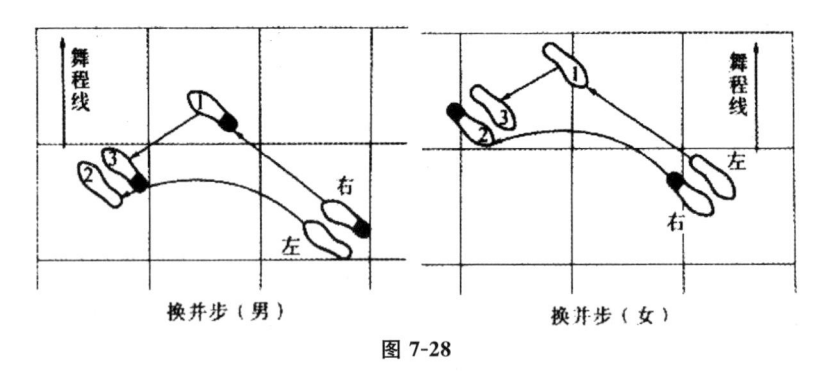

图 7-28

左转步（图 7-29）：

（1）男士左脚进，左转身；女士右脚横步退，左转身。

（2）男士右脚进横步，左转；女士左脚退，左转。

（3）男士左脚并于右脚，左转至 3/8 周；女士右脚并左脚，左转至 3/8 周。

（4）男士右脚退转身向左；女士左脚进，转身向左。

（5）男士左脚退横步左转；女士右脚进横步，左转。

（6）男士右脚并左脚，体转 3/8 周；女士左脚并右脚，左转至 3/8 周。

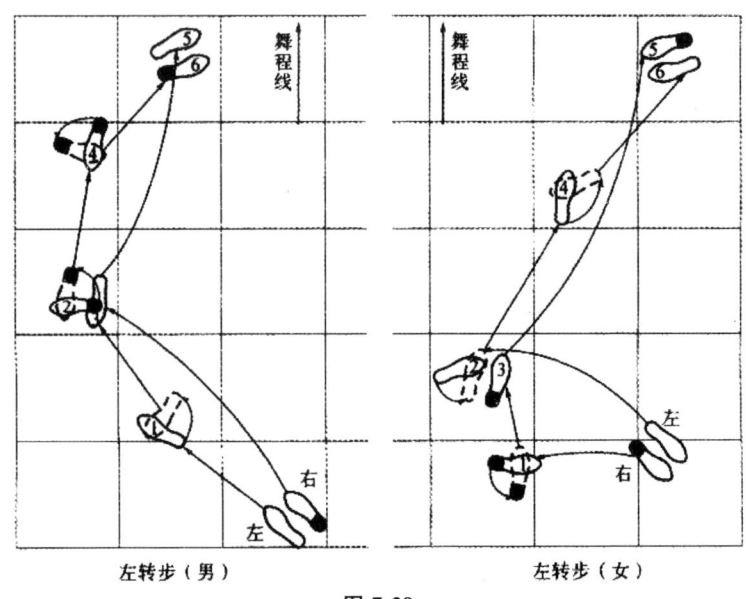

左转步（男）　　　　　左转步（女）

图 7-29

踌躇步：

(1) 男士左脚进左转；女士右脚退开始左转。

(2) 男士右脚横步1～2之间转1/4周，脚掌着地；女士左脚横步1～2之间转1/4周，脚掌着地。

(3) 男士左脚并于右脚不置重量2～3之间转1/8周；女士右脚并于左脚不置重量2～3之间转1/8周。

2. 维也纳华尔兹（快华尔兹，Viennese Waltz）

1/4转身（图7-30）：

(1) 男士右脚进向右转身，女士左脚退向右转身（快）。

(2) 男士左脚小步继续右转，女士右脚退（快）。

(3) 男士右脚并左脚，女士左脚并右脚（快）。

(4) 男士左脚退，女士右脚进向左转身（快）。

(5) 男士右脚退靠左脚，女士左脚进靠右脚（快）。

(6) 男士右脚靠左脚，重心不变；女士左脚靠右脚（快）。

(7) 男士右脚退左转，女士左脚傍步（快）。

(8) 男士左脚靠右脚，右脚用脚跟向左转身；女士右脚傍步（快）。

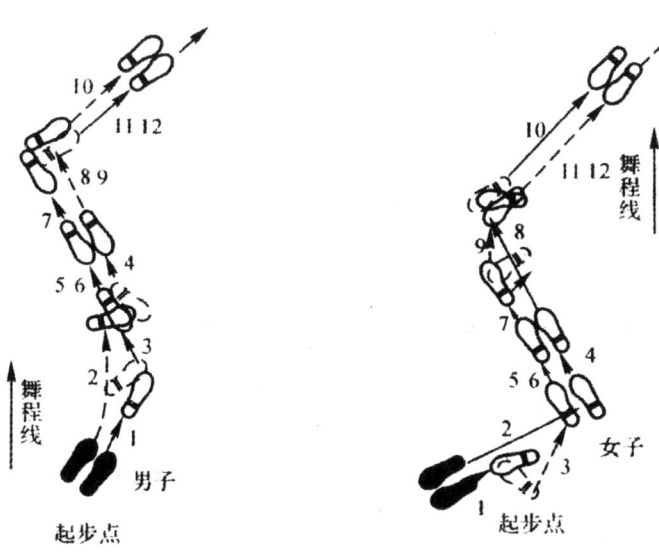

图 7-30

(9)男士由背向左脚变为面对右脚,女士左脚并右脚(快)。

(10)男士左脚进,女士右脚退(快)。

(11)男士右脚进靠左脚,女士左脚退靠右脚(快)。

(12)男士右脚靠左脚,重心不变;女士左脚靠右脚(快)。

180°右转(图 7-31):

(1)男士右脚进向右转身;女士左脚退向右转身。

(2)男士左脚小步傍步右转;女士右脚并左脚,左脚跟轴转右转身。

(3)男士右脚并左脚(背向舞程线);女士右脚并左脚,左脚跟轴转右转身。

(4)男士左脚退向右转;女士右脚前向右转。

(5)男士右脚并左脚,左脚跟轴转右转身;女士同男子(2)(3)。

(6)同(5)。

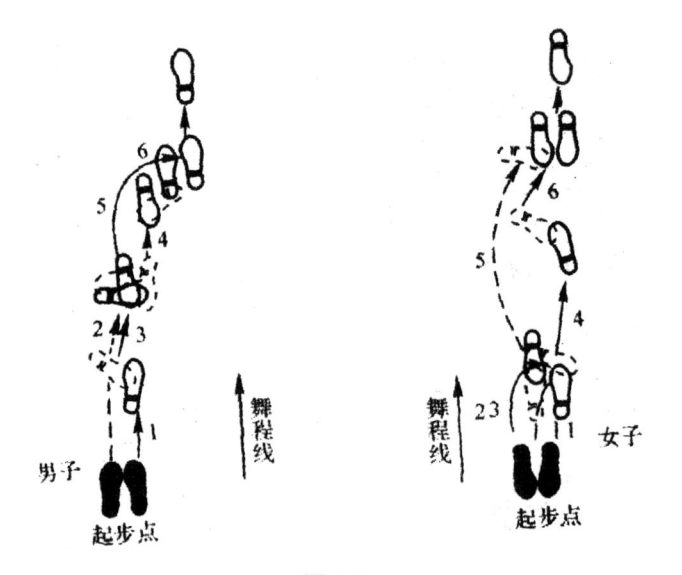

图 7-31

左转:

(1)男士左脚进,左转身;女士右脚退,左转身。

(2)男士右脚傍步继续左转;女士同男子第五步。

(3)男士左脚并右脚(背向舞程线);女士同男子第六步。

(4)男士右脚退,左转身;女士左脚进,左转身。

(5)男士左脚并右脚,重心在左脚,右脚脚跟左转135°;女士同男(3)(4)。

(6)同(5)。

踌躇步(图7-22):

(1)男士右脚进;女士左脚退。

(2)男士左脚进并右脚,左脚在右脚之后约半脚位;女士右脚退靠左脚。

(3)男士左脚靠右脚,重心不变;女士右脚靠左脚。

(4)男士左脚进;女士右脚退。

(5)男士右脚进靠左脚,右脚在左脚之后约半脚位;女士左脚退靠右脚。

(6)男士右脚靠左脚,重心不变;女士左脚靠右脚。

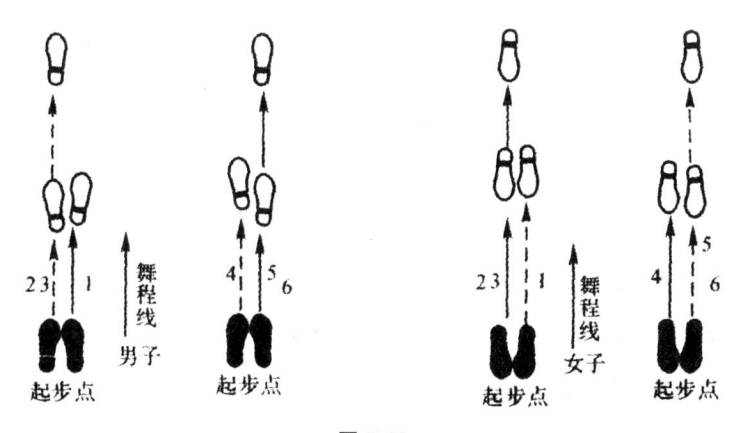

图7-32

3. 探戈舞(Tango)

常步:

S——男士面向斜墙壁,左脚进;女士右脚退。

S——男士右脚进,右肩引导左转1/8周;女士左脚退,肩引导左转1/8周。

Q——男士左脚进开始右转;女士右脚退开始右转。

Q——男士右脚跟上成基本站位姿势,右转 1/8 周;女士左脚跟上,右转 1/8 周。

快四步:

Q——男士左脚进;女士右脚退。

Q——男士左脚横步稍后左转 1/8 周;女士左脚横步稍前左转 1/8 周。

Q——男士左脚退;女士右脚外侧进。

Q——男士右脚退并于左脚,身体面向斜墙壁指向斜中央,右转 1/8 周;女士左脚进并于右脚,重心在左脚,身体面向中央指向斜中央,右转 1/8 周。

换步五步:

Q——男士左脚进,左转 3/4 周;女士右脚退,左转 1/2 周。

Q——男士右脚横步稍后,背向舞程线;女士左脚横步稍前指向舞程线。

S 上半拍——男士左脚退背向斜中央;女士右脚外侧进。

S 下半拍——男士右脚退成 P.P. 舞姿,背向斜中央;女士左脚进背向另外一条舞程线的斜墙壁。

S——男士左脚脚尖点地,面向另外一条舞程线的斜墙壁;女士右脚点地成 P.P. 舞姿。

第二节 球类休闲

一、篮球

(一)篮球概述

篮球运动是一项时尚休闲球类运动,正式的篮球比赛五人组队参赛,篮球运动还有三人篮球、街头篮球等不同类别和风格的篮球运动形式供篮球运动爱好者选择。个体参与篮球运动,可单人学练,可组队 PK,不拘泥于任何形式。

第七章 现代娱乐健身类休闲体育运动科学参与

就我国体育基础设施建设来看,大部分农村和城镇社区有篮球场,为大众参与篮球运动提供了方便,篮球运动爱好者可在篮球场上运球、投篮、扣篮,一球一筐,运动过程中有快有慢、有急有缓、有动有静、有攻有守,兼具智慧与能力,尽显运动活力和青春风采。

(二)篮球学练

篮球运动技战术体系内容丰富、组合多元,变化无穷,充满创造性,这也正是篮球运动的魅力所在。这里重点针对篮球运动基础技术内容进行分析。

1. 传球技术

(1)双手胸前传球

开立,屈膝,双手腰腹间持球,后脚蹬地发力,两臂前伸,食指与中指迅速将球拨传出去(图 7-33)。

图 7-33

(2)双手头上传球

双手头上持球,肘微屈,双手持球移至脑后,腰腹带动手臂用力,将球向前推出。

(3)单手肩上传球

单手肩上持球,开立;引肘,挥臂、扣碗,外展手臂。用力前挥,将球传出(图 7-34)。

图 7-34

2. 接球技术

(1)双手接球

开立,看准来球,双臂向前伸出,两手成球形迎接球(图 7-35)。

图 7-35

(2)单手接球

看准来球,积极移动,手臂前伸迎接球,手指张开成勺形,手触球后迅速向下引臂护球(图 7-36)。

图 7-36

3. 运球技术

（1）高运球

上体前倾，运球手臂自然弯曲，手指用力拍打球的后上方，球的反弹高度在腰胸之间（图7-37）。

图 7-37

（2）低运球

屈膝，上体前倾，运球手臂弯曲，手指拍打球的上方，球的反弹高度在膝盖位置（图7-38）。

图 7-38

（3）背后运球

右脚前跨，右手将球拉到右后侧，使球从背后反弹至左前，换手（图7-39）。

（4）胯下运球

左脚在前，右手拍球右侧上方，将球从两腿间运至左侧，换手（图7-40）。

图 7-39

图 7-40

(5)运球转身

以右后转身为例,左脚为轴蹬地,右转体,右手将球拉至身体后侧,换左手运球(图 7-41)。

图 7-41

4. 突破技术

（1）原地交叉步突破

以右脚做中枢脚为例，突破前，两脚开立，屈膝，降重心；突破时，左脚内侧蹬地，右转体，将球引至右侧，右脚蹬地跨出，突破防守（图 7-42）。

图 7-42

（2）原地同侧步突破

以左脚做中枢脚为例。突破前动作同交叉步突破。突破时，右脚右前跨出，右转体，左脚蹬地、右跨，换右手运球，突破对方防守（图 7-43）。

（3）行进间突破

突破时，准确分析与对手的位置关系，屈膝，降重心，根据情况选择用交叉步或同侧步突破。

图 7-43

5. 投篮技术

(1) 原地单手投篮

以右手投篮为例,开立,屈肘,仰腕,托球后下方,双脚蹬地、伸腰、展腹、抬肘、伸臂、屈腕,手指拨弹球(图 7-44)。

图 7-44

(2) 行进间勾手投篮

以右手投篮为例,右腿上提,左手离球,左肩防守,右手前伸举球,挥臂,屈腕、压指,投篮。

第七章　现代娱乐健身类休闲体育运动科学参与

（3）跳投

屈膝，蹬地起跳，提腹、展腰、上摆臂，在身体腾空的最高点，屈腕、压指，突发力投篮（图7-45）。

图 7-45

6．抢篮板球

（1）抢防守篮板球

准确观察判断，保持正确站位，两臂屈肘侧张占据较大面积。当对方投篮出手后，积极移动抢占有利位置，挡住进攻队员，用力蹬地，提腰，向上摆臂争取获球（图7-46）。

图 7-46

(2)抢进攻篮球板

仔细观察判断对手防守动向,积极移动到有利位置;强行抢位或者直接冲抢;抢球要猛狠、迅速。同伴投篮时,如进攻队员面向球篮,突然起动,挤靠防守人,冲向球反弹方向补篮或抢获篮板球(图 7-47)。

图 7-47

二、高尔夫

(一)高尔夫概述

高尔夫运动是一项比较高雅的休闲健身球类运动,高尔夫运动是一项"融自然环境之美"的运动,在自然形态与人工设计的环境中进行,运动者可以充分享受自然之美。高尔夫运动也是一项"绅士运动",运动中讲究诚信、恪守礼仪,强调"举止文明""为其他球员着想""球场优先权"等。总之,高尔夫运动是一项健康、文明、高雅的运动,深受大众喜欢,但因高尔夫运动主要在高档度假村进行,花费较高,主要在社会高收入阶层人群中流行。

(二)高尔夫学练

1. 握杆

(1)重叠式:两手上下贴球杆握柄,手指重叠(图 7-48)。
(2)互锁式:左手贴球杆握柄;右手小指插入左手食指与中指之间勾锁(图 7-49)。
(3)十指法:两手十指纵向排列依次握杆(图 7-50)。

图 7-48　　　　　　图 7-49　　　　　　图 7-50

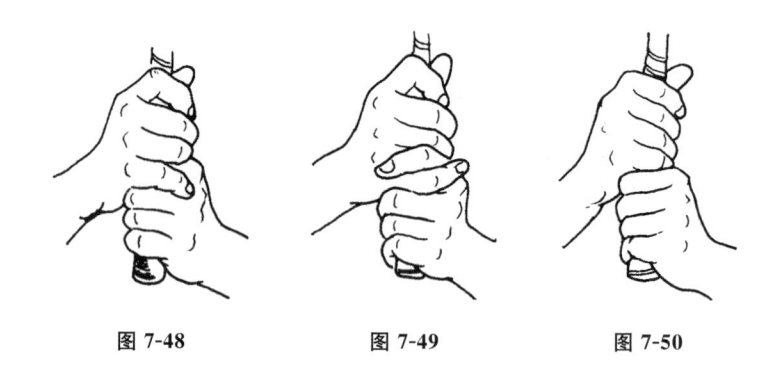

2. 击球

(1)脚位

正脚位：自然站立，两脚之间连线与准备线、击球线路平行（图 7-51）。

开脚位：左脚稍后于右脚站立（图 7-52）。

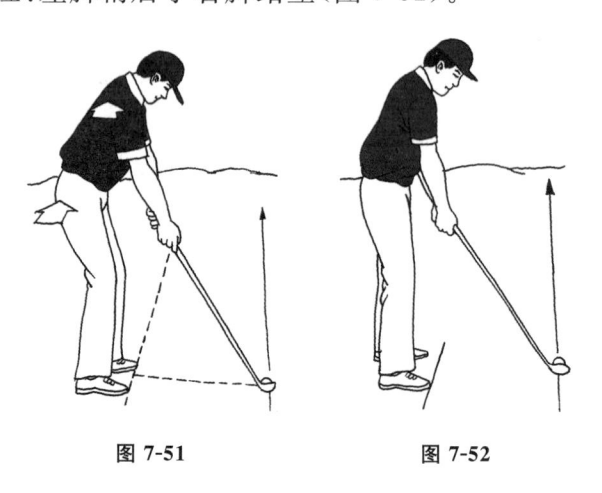

图 7-51　　　　　　图 7-52

闭脚位：右脚略后于左脚站立，两脚尖连线朝向目标右侧（图 7-53）。

(2)击球

侧向球，上体前倾，屈膝，屈髋，挺背。俯视，以恰好看到杆头为宜。双手自然握杆，杆底轻着地。

(3)引杆

两臂与肩成三角形，向球正后方引杆约 30 厘米，头肩不动；

左肩右转,杆头带动两臂;左臂伸直,右上臂固定。右抬下颌,左肩旋至下颌下方,屈双肘;重心移至右脚外侧,上挥球杆到最高点时,背向目标。

图 7-53

(4)上挥杆

肩与两臂构成三角形,以杆头带动两臂及左肩向右转动,两手臂持续左上举直至手臂伸展,直腕(图7-54)。

图 7-54

（5）下挥杆

右腿蹬地送髋，腰转，带动手臂下挥至离球 30 厘米时，甩腕，杆头力量通过球。

（6）顺摆与推杆

球杆随挥，头随转（图 7-55）。

图 7-55

3. 过树障碍

球位要置于左脚尖左侧，上振时要很早做屈腕动作，下振后更要充分跟杆，高举杆头（图 7-56）。

姿势和杆头的程度深浅，根据树的高度和击球点到果岭之间的距离进行调整。

图 7-56

4. 果岭沙坑球

(1) 打浅陷沙中的球

距离越短,握杆越低,挥杆节奏越慢;距离长,高握杆,并加快杆头速度。

(2) 打深陷沙中的球

采用爆破法,由上至下直接砍球挥杆,直立杆面,将杆头在沙中拉向左脚方向,使球与沙一起从沙坑中爆发出来。

(3) 打上坡沙坑球

沙坑本身很低(球在上坡位)时,以打短切高球或切低球方式挥杆,上杆不转腰,下杆直接打。

沙坑本身很高时,球的前方被沙坑壁挡住,击球时尽量将杆面开放,下杆时杆面开放,上杆转腰,下杆用力朝沙坑壁击球,重心始终落于左脚。

(4) 打下坡沙坑球

挥杆稳定重心。上杆时杆头以直立角度举起,下杆时以锐利角度进入球。

第三节 益智运动

一、中国象棋

(一)中国象棋概述

中国象棋,一般简称"象棋",是一种两人轮流走子,以"将死"或"困毙"对方将(帅)为胜的健智性休闲体育项目。中国象棋,是我国先人智慧的结晶,是中华民族的宝贵文化财富,具有健身、健心、健脑、怡情、益智、社交等多重运动价值。

中国象棋在我国具有广泛的群众基础,在农村街巷、城市社区公园与广场,人们在茶余饭后三五成群,饶有兴致地"杀"两盘,参与者和观赏者都能身心受益、收获快乐。

(二)中国象棋学练

1. 棋盘

中国象棋中棋子活动的场所叫作"棋盘",棋盘包括"河界""九宫",端线分别用中文数字一至九来表示红方竖线,用阿拉伯数字1~9表示黑方竖线(图7-57)。

2. 棋子

中国象棋一套共计三十二个子,分红、黑两组,每组十六个(图7-58)。

红方:帅 仕 相 车 马 炮 兵,帅一个,仕、相、车、马、炮各两个,兵五个。

黑方:将 士 象 车 马 炮 卒,将一个,士、象、车、马、炮各两个,卒五个。

图 7-57

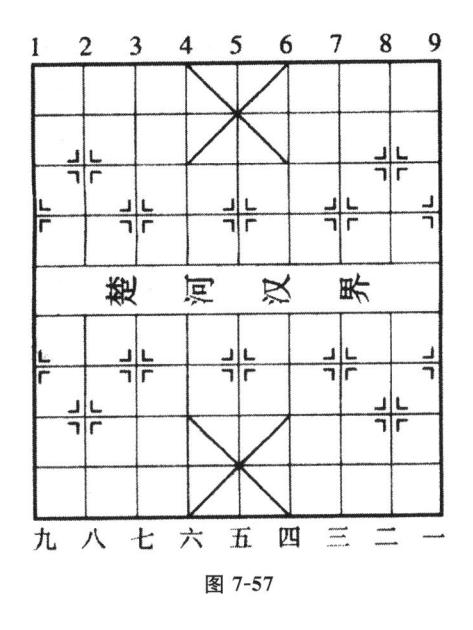

黑　方

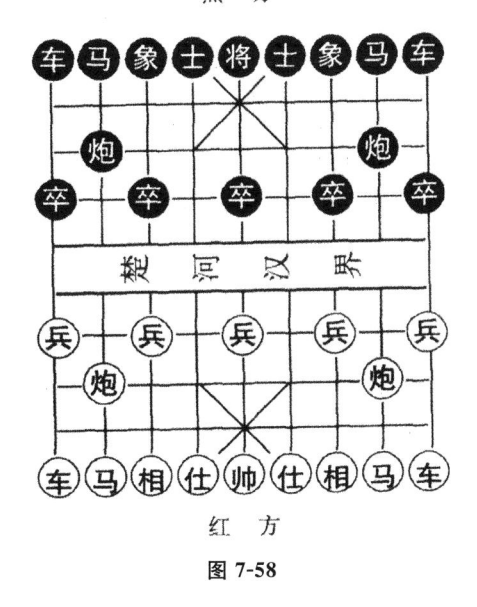

图 7-58

红　方

3. 走子

（1）将、帅：每着只走一步，不能走出"九宫"，不能在同一直线上对面。

(2)士、仕：每着沿"九宫"斜线走一步，可进可退。

(3)象、相：每着斜走两步，不能越过"河界"，可进可退。

(4)车：每着不限步数，但不能隔子走。

(5)马：每着走一直一斜，可进可退，俗称"马走日"。

(6)炮：不吃子时，走法同车；"吃子"时隔一子（支炮架）打，不限远近。

(7)兵、卒：过"河界"前，每着只向前走一步；过"河界"后，每着可向前或横走一步，不能后退。

二、桥牌

（一）桥牌概述

桥牌起源于英国，是一项用扑克牌斗智的娱乐性体育项目，因比赛双方自始至终都围绕着"搭桥"和"拆桥"进行明争暗斗，故称"桥牌"。

目前，桥牌是一项体育专项竞技运动，大众参与的桥牌运动，主要是以扑克牌为主要工具的斗智娱乐性活动，不限场所、不限人数，随时随地可以开展，是居家、旅行的良好休闲活动方式选择。

（二）桥牌学练

(1)发牌：从左首一家起，按顺时针方向分发，任何一家不能看牌面。

(2)叫牌：发牌之后、出牌之前进行叫牌。由发牌者首先叫牌（通常是北），依顺时针轮流进行。

(3)应叫：同伴开叫，可以应叫，也可不叫。

(4)争叫：一方开叫后，另一方参与竞叫。

(5)再叫：任何一家，轮到第二次叫牌，都叫作再叫。

(6)出牌：获得出牌权的一家，有权出牌。第一张出牌叫头攻或首攻。

(7)跟牌:右首一家出牌,其他家要跟随同一花色的牌。

(8)垫牌:跟随不出同一花色时,要垫牌,可垫去手中最不需要的牌作为输张。

(9)赢张:有大牌赢张(如 AK、KQJ 等)/两个赢张(如 AKQ 等)和一个赢张。

(10)进张:也叫进手张,把长套花色树好,依靠进张兑现。

第八章　休闲体育的极限运动挑战

休闲体育运动能给运动参与者带来丰富多彩的运动体验,这些体验能或多或少地对运动者的身体和心理产生刺激,使其获得身心愉悦、畅快的运动体验,因此运动参与者可以在休闲体育运动过程中获得放松、收获快乐。在休闲体育运动中,极限类运动对运动参与者的身体机能调动、感官冲击、心理活动变化的影响力是最跌宕起伏的,正是因为这种强烈的运动情感体验使得极限类休闲体育运动项目受到关注。青年人群年富力强、体能良好、精力充沛、富有激情、勇于挑战、敢于冒险,极限类休闲体育运动尤其受到青年人的喜爱。但极限类休闲体育运动并不仅限于青年人参加,身心素质良好、乐于尝试新事物的青少年和中老年人在专业教练指导下也可以参与此类运动,获得高度、难度、速度与激情体验。

第一节　滑翔伞与热气球

一、滑翔伞

(一)滑翔伞概述

滑翔伞(paraglider)是利用空气浮力进行飞行的一种航空运动,滑翔伞起源于20世纪70年代的欧洲,是由热爱跳伞与飞行的人发明的,但滑翔伞与降落伞不同,它是一种飞行器。

一般社会大众参与滑翔伞运动,通常都是在专业教练的带领下,从风景秀丽的高高山坡上一路迎风奔跑,飞行的前方是陡坡,因此需要滑翔者具有一定的胆量,在费劲力气的奔跑中双脚逐渐离地、腾空,借助滑翔伞乘风飞起。

借助滑翔伞在空中滑行,如果天气较好,地面有充足的上升气流,或者在山间寻找到合适的动力气流,就可以升到千米高空盘旋相当一段时间,这种情况是飞行员梦寐以求的事。在千米高空直接俯瞰大地,山谷中的景色尽收眼底,感受如鸟儿一般自由地飞翔,与自然和谐融为一体,是一种非常难得的体验。

现阶段,滑翔伞是许多人亲近自然、享受运动自由与心灵自由的休闲运动,越来越多的人开始尝试在教练的带领下进行观光双人飞行,双人飞行有专业教练员陪同操作滑翔伞,体验飞行者只需要进行简单的培训就可以准备出发,除了基础性的飞行常识,飞行者还要有足够的勇气和胆量才能获得良好的飞行体验,观看到绝美的风景。

(二)滑翔伞技巧

1. 张伞

(1)检查吊绳,避免打结。
(2)风口朝上铺伞,伞衣铺成扇形,吊绳在伞衣上方。
(3)分放操纵带,伞衣中心线与起跑线一致。
(4)将操纵绳放在伞衣的外侧,后组绳放中间,前组绳放里面。
(5)操纵带挂至套带挂钩。

2. 起飞

(1)选择合适的起飞点,一般来说,斜坡面迎风、坡度25°~30°最佳。
(2)伞在后,人在前,双手持两侧操纵绳,迎风向坡下跑,在起飞点上方10~20米处开伞。
(3)初学者理想正面风速约为12米/秒。如无风,跑速达3

米/秒时,可安全起飞。

(4)快速跑进,使空气由伞衣风口灌入、形成翼型。跑进时,伞衣应始终在头顶上方,如伞倾斜,可拉动操作绳调节。

(5)加速向山下跑。伞衣升力增加时,身体有被上拉感觉,继续跑,直到双脚离开地面,乘风飞起。

3. 空中滑行

(1)飞行时,如果滑行伞升力相当强,双手应同时下拉操纵绳至肩膀位置,使伞保持平稳。

(2)双手拉操纵绳在相同的水平位置,可令滑翔伞直线向前飞行。

4. 空中转弯

(1)拉左操纵绳左转弯。

(2)拉右操纵绳右转弯。

(3)操纵绳不可超过1/4耳朵位置,以免倾覆。

(4)操纵绳回水平位停止转弯。

5. 空中刹车

(1)全滑行:双手伸直操纵绳。

(2)1/4刹车:双手下拉操纵绳至双耳位置。

(3)1/2刹车:双手拉操纵绳至双肩。

(4)3/4刹车:双手拉操纵绳至腰部。

(5)全刹车:双手拉操纵绳至双手伸直。

6. 降落着陆

(1)空中确认降落地点,操纵绳双手拉下1/4位置。

(2)降滑,加速,着陆。

(3)及时刹车:刹车过早,伞衣较高会失速,可导致飞行者腰部受伤;刹车过晚,降速较快,可伤及脚。

(4)目测离地面 5 米时,下拉操纵绳,双脚离地约 1 米时拉操纵绳至全刹车。

(5)双脚伸直,安全着陆。

7. 收伞

(1)两手操纵环扣回原位。

(2)整理操纵带,左手握小连接环处,右手握吊绳,伸直手臂,先绕成圆形交至左手,再收于左手。

(3)右手握住吊绳与伞衣连接处背至肩上。边收吊绳,边向前奔走。

8. 折伞

(1)检查有无乱绳,左右吊绳打结置于伞衣上。

(2)两边伞衣叠向中间位置,在中心相叠,压出空气,由后缘风口折叠。

(3)先收伞衣,再收套带,再收安全帽,最后将伞衣装进伞包中。

二、热气球

(一)热气球概述

热气球(hot air balloon)是一种上半部分为气球,下半部分为可载人吊篮的飞行器,热气球可用于航空体育、摄影、旅游等,世界上第一个载人热气球由 Montgolfier 兄弟在 1783 年制作并试飞成功。

与滑翔伞相比,热气球作为一种高空休闲体育项目,可同时多人一起起飞,飞行体验者在吊篮内站立或蹲坐,更有安全感。

热气球不仅是一种非常独特的空中飞行运动,还常用于商业宣传、摄影,因此越来越多的各类人群开始关注热气球运动。

目前,热气球在我国已经有近二十年的发展史,热气球体验不仅在专业的户外休闲体育活动场所可以见到,一些旅游景点也会提供热气球飞行体验项目。现在有些地方的热气球体验为了提高游客的刺激体验,将吊篮的坐舱地板安装为透明的玻璃,游客不仅可以站在热气球吊篮向外观看风景,还可以向下透过玻璃看到地面景色,对体验者的勇气是一个极大的考验。

(二)热气球技巧

1. 起飞

热气球的起飞需要至少四人协作完成,起飞操作如下。
(1)在地面展开球囊。
(2)将球囊与吊篮连接,通过鼓风装置,使气囊内充满空气。
(3)点燃热气球气囊下方的燃气装置,使气囊垂直升起。
(4)解开地面固定绳索,起飞。
热气球的起飞时间应尽量选择在日出和日落时,因为一天中的该时间段风较平静,适宜起飞。但因日落后天空变暗光线不强,所以一般多选择在日出时起飞。

2. 空中飞行

(1)飞行高度控制
热气球需要具有飞行驾照的专业飞行员进行操控,借助燃料充气和风的力量在空中攀升或下降。
(2)飞行速度控制
热气球本身没有动力系统,飞行员控制热气球在空中的不同高度,借助不同高度的气流力量实现不同速度的飞行。
(3)飞行时间控制
一般来说,如果燃料充足,承重得当,一只热气球可持续飞行2个小时。

3. 航行规则

为避免多个热气球在空中相撞,每一个热气球在空中飞行时

第八章 休闲体育的极限运动挑战

都应该遵守基本的空中航行规则,如果两个热气球距离较近,应各自向右飞行,避开中间可能相撞的路线。

4. 降落着陆

热气球的降落与着陆需要地勤人员的帮助,地勤人员驾驶卡车指挥热气球着陆。

第二节 潜水与冲浪

一、潜水

(一)潜水概述

潜水(diving)是一种在水面以下进行作业(如勘探、考古、捕捞、工程)的活动,后发展成为一项休闲体育运动。运动者在潜水时,通过探索水下世界来获得与陆地运动完全不一样的运动体验。

潜水运动目前在我国的发展还不普遍,在西方国家和大洋岛屿国家是一项非常受欢迎的休闲体育运动,一些海岸景点有专门的潜水旅游服务,体验者无论是否会潜水,都可以在专业教练指导下进行潜水。

潜水运动,在水面以下进行,水环境会使得运动者的机体有不一样的感受,如水压对心肺功能的影响、水以及水中矿物质对皮肤的影响、水的浮力对身体运动的影响,还有水下未知的动植物、海底景观对感官与心理的影响等,潜水运动带给运动者的体验是全方位的,不仅有身体上的,还有精神上的,是一种新鲜、刺激、自由的运动体验。在美国和日本,潜水运动甚至还是一种治疗癌症的辅助手段。

(二)潜水技巧

由于人在水下不能呼吸,因此,潜水时会携带一些输氧设备,为了保护头部与眼睛、顺利划水,有时还佩戴头盔、眼罩、脚蹼等各种专业潜水工具。

1. 入水

可结合自身喜好与特点选择以下四种中的一种。

(1)正面直立跳水:开立,一手按面罩,一手按空气筒背带,垂直下水。

(2)正面坐姿入水,坐在船边缘位置,双手支撑身体,准备好后,转身入水。

(3)侧身入水,浮卧滚身入水。

(4)背向坐姿入水:背向水面坐,一手按住咬嘴及面镜,一手抓住气瓶,后仰入水。

2. 潜降

(1)使用 BC(浮力调解器)并配合配重带,头上脚下潜降。

(2)不用 BC,头下脚上潜降。

3. 上升

(1)上升速度应在 18 米/分以内,不超过自己呼出的气泡的上升速度。

(2)上升过程中,呼吸不要停止。

(3)注意背后情况,如需转身,缓缓自转。

4. 水肺潜水

携带装有空气的气瓶潜水,即水肺潜水。水肺潜水应注意以下几点。

(1)入水前,进行潜水基本知识和技能培训,熟练掌握水下呼吸器、调节器等设备的使用方法,了解水下休息、应急处理方法。

(2)入水前,检查装备,确保安全。

(3)与人同行,至少两人作伴,水下时刻保持联系。

(4)教练不得允许同伴自行上岸。

(5)初次潜水者应学会基本的水下耳压调适方法,如果耳道有不适感,可用手捏住鼻子,用力向鼻腔内鼓气,使耳道内气压升高,以抵消水压,如果耳内疼痛难忍,应立刻上浮。

(6)落单时,浮上几米,寻找同伴;找不到时,就浮出水面;几分钟仍无同伴踪迹应及时求救。

5. 潜水手语

参加潜水,潜水者应掌握基本的水下手语,以便水下交流(图8-1)。

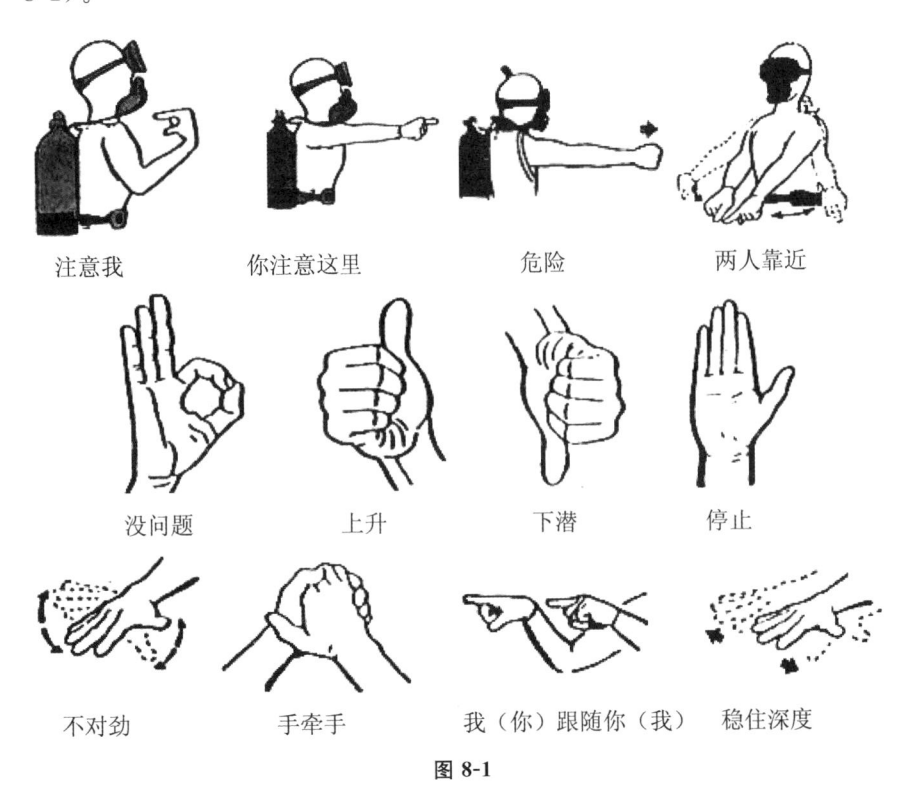

注意我　　你注意这里　　危险　　两人靠近

没问题　　上升　　下潜　　停止

不对劲　　手牵手　　我(你)跟随你(我)　　稳住深度

图 8-1

6. 潜水禁忌

(1)患感冒、耳鼻疾病、心脏病、高(低)血压、糖尿病等疾病患者,禁止潜水。

(2)潜水时,不要破坏、打扰海底动植物的生存,注意保护生态平衡。

二、冲浪

(一)冲浪概述

冲浪(surfing)是一种兼具速度与激情的运动,运动者依靠一个冲浪板在大海中乘风破浪,是一项以海浪为动力的水上极限运动。

冲浪时,运动者可以在冲浪板上或站立,或俯卧,当海浪过来时,利用身体重心的移动、肩膀和后腿的用力来控制冲浪板的走向。

在冲浪运动过程中,冲浪者与每一次的海浪作斗争,与海浪搏击、在海上驰骋。一般来说,世界范围内的冲浪胜地大都是风景秀丽的海岸,冲浪者在挑战自我、征服大海的同时,还可以欣赏海景,蓝天、白云、碧海、沙滩、冲浪者,成为一幅赏心悦目的画面。

(二)冲浪技巧

冲浪前,冲浪者应先选择一个适合自己的冲浪板,冲浪板有长板和短板之分,具体可咨询专业教练员意见。初学者一般应选短板。

1. 上板滑行

(1)运动者先俯卧或跪在冲浪板上,用手划到有适宜海浪的地方做起点。

(2)当海浪推动冲浪板滑动时,使冲浪板在浪峰前,快速起身。

(3)起身后,前后开立(平衡腿在前,控制腿在后),屈膝,利用身体重心的改变使冲浪板横过波面。

(4)滑行中,冲浪板应与海岸线形成某个角度行进,斜着过浪滑行,以延长冲浪路线。

2. 竞速

冲浪板在极强的风浪下直线前行,目前世界上的直线疾速记录为 94 千米/小时,一般平均速度为 40~50 千米/小时。冲浪竞速应具备专业的冲浪经验,不要轻易尝试。

3. 浪区过浪

浪区玩法难度较高,有过浪、浪前转向、下浪、上浪、飞跃、空翻、浪上 360°空翻等,对冲浪者的技术要求较高。

4. 冲浪交通规则

多人在同一海域冲浪,为避免相撞,应遵循基本的冲浪交通规则。具体来说,起乘时,冲浪者应相互谦让最靠近的海浪,第一个站立起身的冲浪者先通过浪,此后,每个人一个浪,彼此保持两个冲浪板的距离。如遇大浪,应保持 3 个冲浪板的距离。

第三节　蹦极与攀岩

一、蹦极

(一)蹦极概述

蹦极(bungee jumping)是一项高空速降户外休闲、极限运动。由于运动惊险刺激,早期被称作"笨猪跳",意思是只有很傻的人才会愿意去尝试这样危险的运动。

在蹦极运动过程中,运动者一般是头向下垂直自由落体,体验从高空自由落体到地面的紧张与刺激感。可以说,蹦极是勇敢者的危险游戏。

(二)蹦极技巧

1. 蹦极方式

目前,随着蹦极的广泛发展,蹦极的高度越来越高,大桥、高建筑物、山体平台等各种类型的蹦极运动都有,蹦极的方法也多样化。常见蹦极有如下几种,不同蹦极方法的运动体验不同,需要蹦极者掌握的具体蹦极要领也不同。

(1)绑脚跳水式蹦极

这是一种最常见的蹦极方式。蹦极者将弹力绳及安全装置绑在脚踝上,站上跳台,如高台跳水般,头向下俯冲。蹦极者双手应抱在胸前。

(2)绑脚后空翻式蹦极

将蹦极装备绑在脚踝上,蹦极者站在跳台上,背向峡谷,向后空翻坠下。蹦极者双臂张开。

(3)绑腰后跃式/前扑式蹦极

蹦极者绑腰站于跳台上,采用后跃/向前扑的方式跳下。

(4)绑背弹跳式蹦极

装备绑于蹦极者背上,站在跳台边缘,双脚往下悬空一踩,仿佛由高空坠落,蹦极者双手抱胸。

(5)双人蹦极

蹦极装备绑在两人脚上或腿上或腰上,将两人紧紧扣在一起,两人一起从跳台跳下或倒下。

双人蹦极,要求其中一方必须要有弹跳经验,初学者应在教练的带领下进行蹦极跳,双人蹦极方式比较受恋人的欢迎。

(6)飞天蹦极

飞天蹦极,俗称蹦极球,外形像热气球,下挂完全裸露在外的坐椅,绑好安全带,蹦极者双脚蹬地,几秒钟内可飞上数十米高空,到达一定高度再自由降落下来。

2. 蹦极禁忌

(1)心、脑疾病患者禁止参加蹦极。

(2)深度近视者慎重参加蹦极,可导致脑部充血使视网膜脱落。

(3)着装要尽量简练、合身,不穿易飞散或兜风衣物。

(4)注意控制身体,避免脖子或胳膊被弹索卷到。

二、攀岩

(一)攀岩概述

攀岩(rock climbing)是一项惊险刺激的户外休闲体育运动,被誉为"岩壁芭蕾""峭壁艺术体操",对运动者的耐力和意志力是极大的考验,需要运动者在上升、保护过程中克服自身力量和耐力极限,挑战自我。

对于攀岩,很多人都认为攀岩是属于力量者的运动,这显然是对攀岩运动的片面理解。攀岩运动对运动者具有较高的力量素质要求,也需要运动者具有一定的耐力素质、速度素质,还需要运动者具有良好的意志品质和足够的勇气,能在面对悬崖峭壁时沉着冷静、果敢勇猛。攀岩运动是一项对运动者的综合能力要求较高的户外极限休闲运动,富有技巧性、冒险性。

(二)攀岩技巧

1. 手部技术

在攀岩运动中,遇到的岩壁是各种各样的,攀岩者需要在岩壁上找到可以着力的点。不同着力点,利用方法不同,常用攀岩手部技术有如下几种。

(1)抓握:用手抓住凸起部分。

(2)拉:抓前上方牢固支点,小臂贴岩壁,抠岩壁缝隙,以手臂力量拉动身体移动。

（3）张：手伸进缝隙，以缝隙为支点，手掌或手指屈曲张开发力，移动身体。

（4）推：受作用于岩壁一个推撑力量，利用岩壁的反作用力来移动身体。

（5）抠：手抠棱角、缝隙或边缘处。

（6）反扣：利用手与手、手与脚之间的反作用力支撑身体。

2. 脚步技术

（1）踩、踏：用脚前部下踏较大的支点支撑发力。
（2）蹬：用前脚掌内侧或脚趾的蹬力支撑身体。
（3）跨：利用自身的柔韧性接触新的支点。
（4）挂：用脚尖或脚跟挂住岩石。
（5）钩：用脚的后跟部位钩住支点。

3. 结绳技巧

在攀岩过程中，只有少数顶级攀岩高手可以不借助任何辅助工具攀上岩壁，但是即便是具有丰富攀岩经验和掌握多样化攀岩技巧的攀岩者，出于安全、省力、相互帮助的目的，也会用到攀岩辅助工具。在所有攀岩工具中，攀岩绳索是最常用的一种工具。

攀岩绳索的使用，结绳技术是必须要掌握的，常用结绳方式方法如下。

（1）单结：固定其他绳结的绳尾，单股或双股均可，图标为双股打单结。
（2）渔人结及双渔人结：用于连接绳子或伞带。
（3）8字结：用于绳索中段的打结。
（4）称人结：绳尾一定要加半扣。
（5）水结：用于连接伞带，须用力打紧并经常检查。
攀岩常用绳结的打结方法技巧如图8-2所示。

双股单结　　　　　　渔人结　　　　　　双渔人结

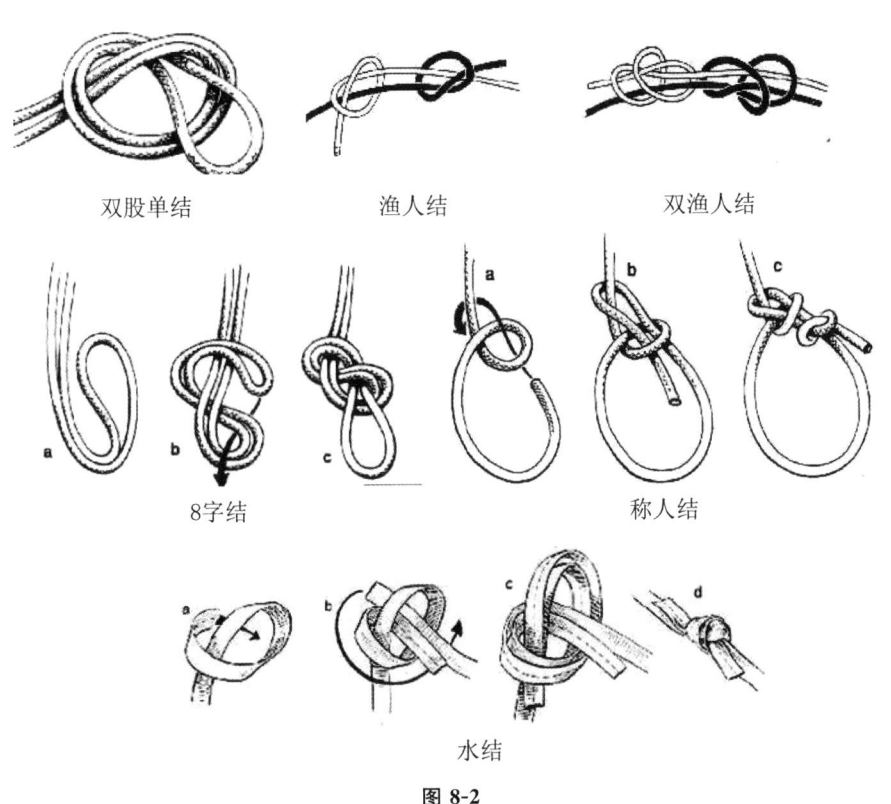

8字结　　　　　　　　　　　　　　称人结

水结

图 8-2

4. 保护技巧

(1)保护点设置

①一个保护点:人工岩壁上设置好的横栏,自然岩壁上的大树都可以作为保护点,为确保安全,可选择一个中间点(临时保护点)。

②两个保护点:在某保护点基础上,安装上方保护。

③多个保护点:为确保足够安全,通过多个保护点均衡受力实现保护。

(2)上方保护

上方保护,指保护支点在攀岩者上方。保护操作如下。

①攀岩者与保护者各自准备装备。

②检查保护装置。

③攀岩者示意保护者开始。

④保护者及时回应攀岩者。

⑤开始攀登、保护。

⑥攀岩者登顶,发出"下降"信号。

⑦保护者发"可以下降"信号,放绳。

(3)下方保护

下方保护是将保护支点放于攀登者下方的一种保护方式,实用性较强,保护操作如下。

①保护者站在攀岩者下方。

②保护者关注攀岩者。

③保护者任何时间都有一只手紧握通过下降器的绳子(随时制动)。

④保护者选择最佳位置和站姿。

⑤攀登时保持"3点固定"。

⑥松动浮石或石块,不能乱扔,以免伤及同伴。

⑦保护者双手协调,注意收、放。

⑧脱落时,保护者避免立即紧收绳子,要有缓冲。

⑨及时相互提醒。

第四节 轮滑、滑雪与跑酷

一、轮滑

(一)轮滑概述

轮滑(roller skating),是一项充满运动活力与激情的休闲体育运动项目,儿童青少年参与轮滑有助于健身健脑;老年人参与轮滑有助于提高平衡能力,但运动过程中应注意运动安全;中青年人参与轮滑运动更多的以花样轮滑和技巧轮滑为主,整个学练和运动过程充满了挑战性与刺激性。

目前,轮滑运动已经成为一项家喻户晓的休闲体育运动项目,其具有健身、娱乐、观赏、刺激等运动特性,轮滑的运动形式也是多种多样的,有花样轮滑、自由式轮滑、速降轮滑、轮滑球、轮舞(roller dance)、极限轮滑(特技轮滑)、速度轮滑等。每一种轮滑运动形式都能给运动者带来丰富多彩的运动体验。

(二)轮滑技巧

轮滑运动内容丰富,形式多样,运动者可结合自己的爱好与技术能力水平参与其中的任何一种,感受轮滑运动的魅力。这里重点就轮滑基本运动技巧进行分析介绍。

1. 站立

(1)平行站立

平行站立是轮滑的基本站立姿势之一,站立时,两脚开立,重心放在两脚中间,双腿伸直或微屈以保持平衡即可(图8-3)。

图8-3　　　　　图8-4　　　　　图8-5

(2)"八"字站立

站立时,两只脚的站立姿势就像是一个"八"字,脚尖分开,脚跟靠近,通过类似三角的用力来实现身体的平衡(图8-4)。

(3)"丁"字站立

两脚在站立时形状类似一个"丁"字,这种站姿,地面承受身体的受力面小,刚开始时可能会站立不稳或者很难找到正确的脚部位置,因此,初学者可先扶物成丁字步站立,前脚跟卡住后脚的脚弓,上体稍前倾,微屈膝保持身体平衡(图8-5)。

2. 移动重心

(1)原地移动重心

①左右移动:平行站立,上体稍侧倾,重心转移至一腿,再向另一侧移动。

②前后滑动:平行站立,直膝,腿用力前后滑动,两臂随摆。

③抬腿:平行站立,上体前倾,重心移至一腿上,另一腿抬起、放下。

④蹲起:平行站立,下蹲并站立。先半蹲,加大下蹲度,快速深蹲,站起。

(2)"八"字脚移动重心

"八"字站立,重心移至一腿和脚上,另一腿前迈,重心随至移动。

(3)侧向移动重心

平行站立,以先向左方向移动为例,重心右移,左脚向左横跨,右脚迅速靠拢,再右侧迈进。

(4)横向交叉步移动重心

平行站立,以先向左方向移动为例,重心在左腿,左移超出左腿支撑点,收右腿,右腿向左腿前外交叉,重心移至右腿,左腿再在右腿前交叉,两腿交替反复移动。

3. 滑行

(1)向前滑行

单脚滑行:"T"形站,右脚支撑重心,右脚蹬地,向前滑进;左脚落地时,收右脚在左脚侧落地。两脚交替。

前葫芦步滑行:内刃站立,屈膝外滑,内收,连续反复分开—靠拢—前滑(图8-6)。

第八章　休闲体育的极限运动挑战

图 8-6

双脚滑行：双腿交替向前滑行，滑行过程中注意重心随左右脚落地支撑左右移动。

（2）向后滑行

向后葫芦滑行：内刃前蹬地，脚跟分开，向后外滑，收拢，直膝。反复后滑。

向后蛇形滑行。两脚分开，屈膝，右脚内刃前下蹬地，左脚后滑；直右腿，右脚放左脚侧。反复后滑。

单脚后滑。以左腿支撑为例，屈膝，踩平刃，抬右腿，置于斜后方，反复后滑。

4. 停止

（1）"T"字停止：浮足在滑行脚的后跟处成"T"字，以内侧轮慢慢压紧地面减速停止（图 8-7）。

（2）内"八"字停止：屈膝，上体前倾、下蹲，脚尖内转，两脚以内侧轮压紧地，减速停止（图 8-8）。

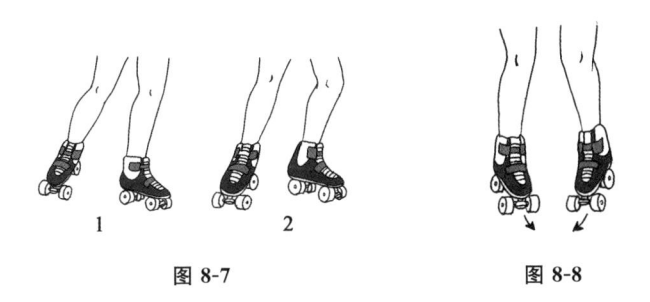

图 8-7　　　　图 8-8

（3）双脚急停法：两脚顺时针或逆时针急转，以顺时针转弯为例，左脚内刃、右脚外刃压地，减速停止。

二、滑雪

(一)滑雪概述

滑雪(skiing)起源并发展于斯堪的纳维亚,先后经历了古代滑雪运动、近代滑雪运动、现代滑雪运动的发展历程,目前,已经发展成为世界范围内流行的户外休闲体育运动。许多国家和地区都重视本国的滑雪运动发展,滑雪运动满足了人们在冬季强身健体、欣赏风景、亲近自然的需要。

世界范围内的滑雪运动项目主要包括自由滑雪、越野滑雪、高山滑雪、单板滑雪、跳台滑雪、北欧两项。不同类型的滑雪运动可以满足不同人的滑雪运动需求,在自然雪场滑雪可以充分享受滑雪的健身、娱乐价值,自然雪场的高山滑雪、越野滑雪等运动形式充满了惊险、优美、动感性,更具吸引性和挑战性。

我国地域辽阔,具有良好的冰雪体育资源,北方地区雪量大、雪期长、雪质好,具有发展冰雪运动的良好优势,南方地区则借助于越来越发达的人工造雪技术、制冷技术积极建设室内滑雪场。随着我国2022年北京—张家口冬季奥运会的举办临近,在这项世界级冰雪赛事的影响下,我国人民群众参与冰雪运动的热情高涨,越来越多的人走进人工雪场和自然雪场去感受和参与滑雪运动。

(二)滑雪技巧

这里重点就最基础的滑雪运动技巧进行分析,只有奠定良好的滑雪运动技术基础,运动者才能挑战更具冒险性的滑雪技巧、滑雪方式。

1. 步行

穿上滑雪器,最基本和最先做的动作就是步行,滑雪步行与日常步行方法基本一致,只是因为穿了滑雪器可能会在开始阶段有些不习惯,可以多练习走几遍,一步一仗适应平衡,很快就能掌握与适应滑雪步行。

2. 蹬冰式滑行

(1)一步一撑滑行:双杖推撑,右脚蹬动,重心移至左板;左脚前滑,右脚蹬向左板靠拢;左脚再蹬动,撑杖。

(2)两步一撑滑行:右板向前滑进,内刃蹬动,重心移到左侧板前滑,两侧杖推撑,左杖推撑力更大些;左右反复进行。

3. 单蹬式滑行

两杖后撑;蹬动结束后,重心移向左侧板,双杖前摆;左板前滑,重心右倾,右板着地,反复进行。

4. 转弯滑行

转弯前,观察前方路况,准备转弯时,身体内倾;内侧板沿弯道切线滑进,外侧板按弯道的方向向外侧快速蹬动,两侧板配合变换方向。

5. 登坡滑行

(1)两步一撑蹬冰式滑行:滑行板侧用力较大。插杖不对称;坡度较大时仅用于过渡,之后转入其他滑雪技术和姿势。

(2)交替蹬撑滑行登坡:与"两步一撑蹬冰式滑行"基本相同,只是两脚的蹬动与滑行方向不同。

6. 滑降

以越野滑雪板为例,由于滑雪者的雪鞋后跟部不固定在板上,速度快时不易控制,容易失去平衡。因此,在滑降时先控制速度再前滑。

7. 跌倒

滑雪时跌倒虽然有厚厚的积雪保护,不易有跌打损伤,但是由于穿着滑雪器具,而且在野外滑雪环境中,地形复杂,如果保护不当,滑雪者也会不小心撞到滑雪器具上,导致受伤,因此,在摔倒时,滑雪者尽量以侧身着地,或者是大脚外侧,腰下侧着地,摔倒时,应双手将雪杖举起,两腿尽量伸直不要完全折叠,避免不必要的伤害发生。

8. 野外滑雪

如果不熟悉地况,又没有向导,避免向原始森林中深入太多,以免在遇到突发天气、野外生物,或者迷路、受伤时,不易找到回路。

三、跑酷

(一)跑酷概述

跑酷(Parkour)是当下风靡全球的时尚极限运动,尤其是网络技术发达的现在,在各大短视频平台上都能见到跑酷运动的剪辑视频,跑酷运动是以生活环境(多为城市)中的一种快速挑战各种障碍物的奔跑运动,也被称为"城市疾走""位移艺术"。

跑酷运动最早起源于法国,在法国的大卫·贝尔(David Belle)的影响下被发扬光大,2006年跑酷运动因《暴力街区》在中国的热映而引起关注走进大众视野,跑酷运动随后在年轻人中间广泛流传开来。

跑酷运动不仅仅是年轻人"耍酷"的街头文化,这种运动对于个体的综合体能素质具有良好的发展作用,能有效提高个人对抗负面自然力量的能力,一个训练有素的专业跑酷者,在遇到火灾、地震、车祸等突发事件时,其逃生的概率是一般正常人的20倍。

有很多人认为跑酷是专业人士的行为,并非是面向一般社会大众的,事实并非如此,跑酷运动开展场所广泛,运动难度可自由调节,城市的公园、广场、废弃的工厂,农村的一些房屋、田间沟壑、树木等都可以作为跑酷的场所,可因地制宜、因人而异地开展,任何对跑酷运动有兴趣的人都可以参与到跑酷运动中来。

需要特别指出的是,跑酷运动是一种挑战自我的城市极限运动,但绝对不是"自不量力的冒险",一些人为了博取关注而做出一些非常危险的事情,不仅威胁自身生命安全,也威胁了社会公共安全,这并不是跑酷运动所提倡的。

(二)跑酷技巧

跑酷运动对个体的力量、速度、灵敏、平衡、协调性素质以及勇气等都有非常高的要求,并不是学会了几个简单的跳、跑、爬、翻动作就学会了跑酷,跑酷运动是一个对个体综合性素质要求较高的运动,很多跑酷技巧需要运动者在实践中去探索与掌握。但掌握一些基本的跑酷动作与技巧是跑酷入门的基础。

1. 基本跑酷动作

落地:先前脚掌着地,再双手着地(防止颠倒)。
平衡:练习协调性,在高处或栏杆、建筑物等处自如走跑。
猫爬:比走栏杆更保险的单线穿越,身体尽量与栏杆平行。
月亮步:单腿蹬墙向上,腾空快速再蹬墙。
侧手反抓栏杆:高处过栏杆跳前的保险式。
单杆飞抓:靠甩出去的力带动身体。
猫扑:上墙或上物体的前式,把自己固定在障碍物下接下一动作。
快速上墙:助跑后单脚蹬墙,再双手抓墙后引体向上。
钻栏杆:不管是头或者脚先过,要求有很好的准确性。
倒立:要求具有良好的手臂力量、腰部力量、协调性。

2. 跳

侧身跳:过栏杆后无多余动作直接快跑。
单脚跳远:一脚发力做跳跃或者攀爬。
精准跳远:跳远升华式,要求脚部有定力。

猴跳：过障碍时双腿缩好，双手撑障碍物而过。

蹬墙跳：一只脚接触墙面发力。

双腿冲跳：有两种动作，第一是腿部先过障碍，再由手在身后支撑身体；另一种是过障碍后双手前拨障碍，腿与地面成弓型，双手发力远落地。

猩猩跳：双腿向45％，跨过的是面积较大的障碍。

猩猩飞台：鱼跃腾空接猩猩跳的结合。

3. 翻滚

落地翻滚：从高处跳下时，把冲击力转换成向前的冲力，并接下个动作。

鱼跃翻滚：身体翻越过障碍物。

反猫扑：蹬墙加180％转身加猫扑的结合式。身体抓墙，双手引体向上，蹬墙转身。

猩猩跳接冲跳：猩猩跳后迅速收缩腹肌，下身在前，双手支撑，双腿前冲。

侧空翻：以腰为轴心侧翻。

前空翻：同侧空翻，注意高度和转速。

后空翻：以腰为轴心后翻，高处是以头为轴心后翻。

4. 转

手撑旋转：手撑物体，双手与肩作轴，甩肩转动身体。

墙转：手撑旋转的进阶。

参考文献

[1]刘健.体育文化探究[M].北京:科学出版社,2017.

[2]钱利安.休闲体育理论与实践调查研究[M].杭州:浙江大学出版社,2008.

[3]吴明深.休闲体育文化审视[M].北京:中国科学文化出版社,2003.

[4]陈琦,凌平,徐佶.休闲体育概论[M].北京:高等教育出版社,2018.

[5]李相如.休闲体育项目概论[M].北京:人民体育出版社,2012.

[6]张启明,俞金英.休闲体育经营与管理(第三版)[M].厦门:厦门大学出版社,2017.

[7]杨韵.西方哲学游戏论视域下的体育本质解释[D].南京师范大学,2015.

[8]高书杰,齐力.大学生心理健康教育[M].北京:中国农业出版社,2011.

[9]张川.新常态下休闲体育的发展导向及路径探讨[J].经济研究导刊,2017(22):36-37.

[10]喻坚.新常态下中国休闲体育产业发展对策研究[J].山东体育学院学报,2016,32(5):32-37.

[11]习近平.谋求持久发展,共筑亚太梦想:在APEC工商领导人峰会开幕式上的演讲[R].2014-11-09.

[12]王晓东,章翔.新常态下中国休闲体育的发展导向和路径思考[J].吉林体育学院学报,2016,2(1):9-10.

[13]公冶民.消费升级迎来休闲体育发展新时代[N].中国体育报(第007版),2019-02-11.

[14]吴晓飞,王锋.新时代女性休闲体育发展的策略研究[J].体育世界,2019(2):164－165.

[15]许黛玉."她经济"时代的营销战略[J].中国商论,2019(8):61－62.

[16]李莹亮.她经济:中国女性消费"掘金潮"来临[J].科技与金融,2019(3):49－50.

[17]张西流.关注"她经济"更须关爱"她权益"[N].中国商报(第02版),2019－03－20.

[18]单凤霞,郭修金.生态文明:城市休闲体育发展的必然选择[J].体育学研究,2019(1):62.

[19]项建民,龚婉敏.新农村自然休闲体育发展对策研究[J].上饶师范学院学报,2013,3(6):81.

[20]李红智.休闲体育对扬州市民文明素质规范化促进的研究[J].扬州职业大学学报,2018(4).

[21]郭鹏飞,曾澎.社会转型视角下城市新移民休闲体育生活空间构建研究[J].当代体育科技,2017(33).

[22]夏丹丹.全民健身视角下合肥市休闲体育公园建设研究[J].科学大众(科学教育),2019(1):191.

[23]张易虎.我国休闲体育的发展现状及对策研究[J].当代体育科技,2018(29):167.

[24]邢翡.休闲体育在我国全民健身计划进展历程中的构建与作用[J].品牌,2014(8):43.

[25]彭硕.新媒体视角下休闲体育的传播等[J].新闻爱好者,2017(10):95.

[26]崔李丹,朱文雅.社区广场休闲体育文化建设的新思路[J].当代体育科技,2013,33(3):118.

[27]郭允霞.浅论我国高校休闲体育的发展现状与对策[J].读与写(教育教学刊),2019(1).

[28]王瑞元,苏全生.运动生理学[M].北京:人民体育出版社,2012.

[29]邓树勋.运动生理学[M].北京:高等教育出版社,2015.

[30]邹克扬,贾敏.运动医学[M].北京:北京师范大学出版社,2010.

[31]宋应华.运动营养的应用方法与指导[M].河南:郑州大学出版社,2010.

[32]张钧,张蕴琨.运动营养学(第2版)[M].北京:高等教育出版社,2010.

[33]蔡仲林,周之华.武术[M].北京:高等教育出版社,2016.

[34]邱丕相.民族传统体育概论[M].北京:高等教育出版社,2008.

[35]周庆海.传统养生功法:八段锦 五禽戏 太极拳 易筋经[M].北京:化学工业出版社,2013.

[36]黄宽容.健美操(第二版)[M].北京:高等教育出版社,2016.

[37]宋雯.瑜伽教学与实践[M].北京:北京体育大学出版社,2011.

[38]宋波.现代瑜伽 完美身材塑造之路[M].北京:高等教育出版社,2019.

[39]张瑞林,王浩,陈向阳.体育舞蹈(第2版)[M].北京:高等教育出版社,2011.

[40]熊浩然.体育舞蹈与全民健身[M].北京:科学技术文献出版社,2019.

[41]祖培广.滑雪入门教程[M].北京:人民邮电出版社,2018.

[42]谢向阳,潘明亮.轮滑运动[M].广州:华南理工大学出版社,2012.

[43]朱寒笑.登山和攀岩技巧[M].北京:中国社会出版社,2008.

[44]王培善.攀岩运动教程[M].上海:同济大学出版社,2019.

[45]国家体育总局职业技能鉴定指导中心.户外运动[M].北京:科学技术文献出版社,2019.